RENÉ HENNEQUIN

AVOCAT, SECRÉTAIRE DE LA SOCIÉTÉ ACADÉMIQUE DE L'AUBE

Un " Photographe "
de l'Époque de la Révolution et de l'Empire

EDME QUENEDEY

DES RICEYS (AUBE)

Portraitiste au Physionotrace

(1756-1830)

SA VIE ET SON ŒUVRE

TROYES

IMPRIMERIE DE J.-L. PATON, RUE DU GÉNÉRAL-SAUSSIER, 27 ET 29

—

1926-1927

EDME QUENEDEY

PORTRAITISTE

1756-1830

DU MÊME AUTEUR

LE DIRECTOIRE DÉPARTEMENTAL DE 1789 (Annales de l'Ecole des Sciences politiques, N° du 15 octobre 1893) — Paris, Alcan, 1893, in-8°.

LA FORMATION DU DÉPARTEMENT DE L'AISNE EN 1790. Etude documentaire de géographie politique. Préface de M. Gabriel Hanotaux, de l'Académie Française — Soissons, 1911, in-8° de 395 p. (*Epuisé*).

CHOSES ET GENS D'AUTREFOIS. *A Troyes et dans le département de l'Aube.* Causeries d'histoire locale (1re et 2e série) — Troyes, 1923 et 1926, in-12.

SOCIÉTÉ ACADÉMIQUE DU DÉPARTEMENT DE L'AUBE

Un « Photographe »
de l'Époque de la Révolution et de l'Empire

Edme QUENEDEY

DES RICEYS (AUBE)

Portraitiste au Physionotrace

PAR

René HENNEQUIN

AVOCAT

SECRÉTAIRE DE LA SOCIÉTÉ ACADÉMIQUE DE L'AUBE

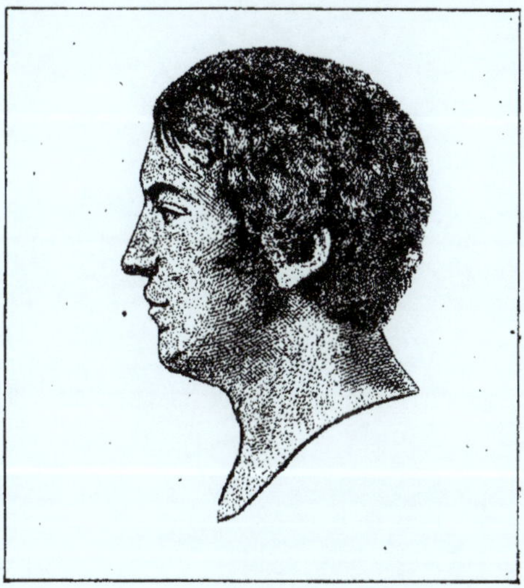

TROYES
IMPRIMERIE DE J.-L. PATON, RUE DU GÉNÉRAL-SAUSSIER, 27 ET 29
Éditeur de l'Annuaire de l'Aube
1926

Un "Photographe" de l'Époque de la Révolution et de l'Empire

EDME QUENEDEY

DES RICEYS (AUBE)

Portraitiste au Physionotrace

SA VIE (1756-1830)

INTRODUCTION

Bibliographie locale. - Ce qu'était le « Physionotrace » inventé par Chrétien, vulgarisé par Quenedey

Parmi les hommes de quelque renom originaires du canton des Riceys, MM. A. Guénin et A. Ray, dans la *Statistique* de ce canton qu'ils publièrent en 1852, citent un de leurs concitoyens, en ces termes :

« Edme Quénedey, peintre de portraits, inventeur du physio-
« notrace et du papier à calquer pour la gravure, né aux Riceys
« le 17 décembre 1756, mort à Paris le 15 février 1830 ».

A cette brève mention, M. Guénin, dans les notices biographiques insérées à la fin d'une autre étude parue un peu plus tard : *Troyes et le département de l'Aube de 1789 à 1848* (Mémoires de la *Société Académique de l'Aube,* années 1855 et 1856), ajouta cet éclaircissement : « Avant la découverte de la « photographie, le physionotrace était le meilleur procédé qu'on « eût trouvé jusque là pour obtenir la ressemblance des « portraits au crayon, et il en existe un très grand nombre ».

En 1882, M. A. Thévenot, dans sa *Statistique intellectuelle... du département,* s'est borné à reproduire la première de ces notes et, de son côté, M. E. Socard, dans sa *Biographie des personnages remarquables... de l'Aube,* après les avoir transcrites toutes deux, les compléta seulement par l'indication de quelques portraits au physionotrace intéressants pour l'histoire locale.

Voilà, croyons-nous, tout ce qu'on peut trouver dans la bibliographie particulière au département de l'Aube sur le portraitiste riceton, dont la vie, l'œuvre et la manière spéciale d'opérer pendant plus de quarante années méritent d'être connus dans son pays et dans sa région d'origine d'une façon à la fois plus complète et plus exacte.

Quenedey — et non Quénédey, ni même Quénedey — fut en effet moins un peintre qu'un dessinateur et un graveur de portraits : c'est seulement à ces derniers titres qu'une certaine notoriété reste attachée à son nom.

Quenedey, d'autre part, n'a pas été l'inventeur, mais le vulgarisateur de l'instrument, de la « machine » (disait-on de son temps) qu'on appelait le *Physionotrace*.

Cet appareil avait été imaginé par un musicien versaillais, Chrétien (Gilles-Louis), également connu comme portraitiste. Quenedey fut à Chrétien, ce que Daguerre fut par la suite à Niepce.

Un tel rapprochement s'impose d'autant plus à l'esprit que — M. Henri Bouchot, l'érudit bibliothécaire au Cabinet des estampes de la Bibliothèque nationale l'écrivit excellemment à propos de l'œuvre de Quenedey — *le « Physionotrace » a été la photographie de la Révolution et de l'Empire* ; en ce sens, doit-on comprendre, qu'il fut avant elle le premier mode d'exécution mécanique et rapide de petits portraits à bon marché et à exemplaires multiples, pour parents et amis.

De même que nous appelons nos images d'aujourd'hui « des photographies », de même ces effigies ont été dénommées « des physionotraces ».

Né en 1788, au moment précis où le nouveau régime commençait à s'instaurer sur les ruines de l'ancien, ce procédé vint à son heure opérer une véritable révolution, toute démocratique elle aussi, en faisant passer dans le domaine égalitaire de l'estampe l'art du portrait, jusqu'alors resserré dans le cadre aristocratique et privilégié de la peinture rigide ou du pastel élégant mais fragile.

Dans leur état définitif et usuel, contrairement à ce que semble indiquer la note consacrée par M. Guénin à son compatriote Quenedey, « les physionotraces » n'étaient pas en effet des portraits au crayon, mais de véritables estampes, c'est-à-dire des images obtenues par impression au moyen d'une planche préalablement gravée, à la vérité d'après un dessin fait au crayon.

Disons enfin, pour clore nos rectifications, que, pas plus qu'il n'inventa le Physionotrace, Quenedey n'a inventé le papier à calquer pour la gravure. Il a seulement trouvé la composition d'un nouveau papier de ce genre, plus pratique que celui dont on se servait jusqu'alors.

Du Physionotrace en tant qu'appareil, de la manière dont il s'employait et du résultat obtenu de sa mise en mouvement, de sa forme et de sa technique, notre auteur ne souffle mot. Et pourtant il est probable que quelqu'un des siens, son père ou son oncle, avait « posé » devant l'instrument, car Quenedey fit au physionotrace, en 1789, le portrait d'un certain « M. Guenin ».

Il y a fort peu de temps que cet outil singulier est tout à fait sorti du mystère dont il était entouré depuis la mort de l'homme qui avait propagé son nom et lancé ses produits.

Pour en faire revivre le fonctionnement et pour le reconstituer matériellement jusque dans son organe essentiel, sur l'agencement duquel on se perdait en conjectures, il a fallu toute l'ingéniosité d'un nouveau Saint-Mémin : M. Gabriel Cromer (1).

---

(1) Cf. dans le Bulletin de la Société *Le Vieux Papier* d'octobre 1925 : *Le Secret du Physionotrace*, par M. G. Cromer — M. de Saint-Mémin, jeune gentilhomme dijonnais, émigré pendant la Révolution, passa en Amérique, où la nécessité d'assurer la vie de sa famille l'amena à utiliser les ressources de son esprit fertile en inventions mécaniques et sa remarquable adresse de main. Il apprit lui-même à graver. *Sur de vagues indications fournies par un compatriote, exilé comme lui, il se fabriqua un Physionotrace, fit de fort jolis portraits avec cet appareil et en vulgarisa le genre aux Etats-Unis.* Il y devint aussi un très habile horloger. Rentré en France, il peignit, puis devint et resta jusqu'à sa mort (en 1852) le conservateur du musée de Dijon — à la tête duquel il prit la suite du peintre Devosges, fondateur de cet établissement et d'une école des Beaux-Arts dont nous aurons à reparler — se reprenant à l'occasion de goût pour les constructions ingénieuses, telles que le « pantographe perspectif » qu'il imagina en 1826 (*Notice sur la vie et les travaux de Fevret de Saint-Mémin*, par M. Ph. Guignard, dans les *Mémoires de l'Académie... de Dijon*, années 1852-1853).

Mieux qu'une longue narration, la vue de notre dessin (Pl. I, 1) démontrera que *le Physionotrace* était un grand diable d'appareil à montants de bois, se dressant sur trois pieds, constitué par un bâti rectangulaire d'environ 1 mètre 75 centimètres de hauteur, sur 65 centimètres de largeur, à l'intérieur duquel manœuvrait un pantographe vertical, composé de deux parallélogrammes dont les branches les plus importantes, assemblées à 25 centimètres l'une de l'autre, avaient aussi 65 centimètres de longueur chacune.

Des trois petites branches de 25 centimètres de haut, celle du bas courait sur des traverses d'un même intervalle, qui maintenaient l'horizontalité de ses déplacements ; celle du milieu se bornait à obéir aux impulsions qu'elle recevait de la branche supérieure, dont la hauteur était prise sur la longueur totale d'une règle de 1 mètre 10 centimètres, jouant dans une glissière placée à la partie supérieure de l'appareil et s'élevant plus ou moins au-dessus du cadre de celui-ci suivant les mouvements que lui imprimait l'opérateur.

La machine devait évoluer toujours dans le plan vertical.

A la grande règle de 1 mètre 10, était fixé par côté un « visier » ou viseur qui (*sans contenir aucun verre d'optique*) renfermait, comme certaines lunettes astronomiques ou terrestres, un réticule fait de deux fils se croisant à angle droit et de plus un dispositif destiné à entretenir le regard de l'opérateur en ligne toujours la même perpendiculairement au plan de la machine et du modèle.

L'extrémité inférieure de cette règle portait un crayon dont la pointe venait s'appuyer sur une feuille de papier attachée verticalement contre un panneau plein faisant, au centre de l'appareil, office de planche à dessin.

Devant l'appareil (direction prise dans le sens de la visée naturellement), se plaçait la personne à représenter. Elle s'asseyait de biais par rapport à l'instrument de préférence, de manière à se détacher de profil, probablement sur un fond noir pour plus de netteté, puis observait l'immobilité (1). Alors, de

(1) Dans le nombre respectable d'épreuves de petits portraits du genre des physionotraces (plus de 6.000) que nous avons examinées de près, il s'en est trouvé une seule, mais toute de même une, où le sujet se laisse voir ainsi dans l'attitude réelle de la pose ; c'est le portrait d'une dame assise sur une chaise nettement dessinée.

l'autre côté de l'appareil, l'opérateur tenant l'œil au « visier » en promenait la ligne centrale sur tous les contours principaux de la figure, du buste et de l'accoutrement de son modèle. Le crayon fixé au pantographe de l'instrument faisant exactement la même course que le viseur, marquait de traits égaux et semblables la feuille de papier à dessin : c'est un croquis de portrait grandeur nature, non seulement exécuté d'après nature, mais pris sur nature, que, sans déformations de perspective, conséquemment « au vrai », le dessinateur pouvait présenter quelques instants après à son client, à peu près tel qu'on le voit figuré sur le plan de l'appareil dressé et annoté par Quenedey lui-même que nous reproduisons.

Selon la très exacte formule de M. François Courboin, l'éminent et regretté conservateur du département des estampes à la Bibliothèque Nationale — formule que nous empruntons à l'article précité de M. Cromer — la machine de Chrétien (commercialement employée par Quenedey en premier) « donnait pratiquement une *projection géométrale* des objets », que ces objets fussent inertes ou animés, pourvu dans ce dernier cas que les sujets restassent immobiles pendant l'opération.

A la façon dont il était obtenu, le tracé ne semblait dû qu'à l'appareil. Il était, en effet, l'œuvre de son *singe :* surnom que les dessinateurs avaient déjà donné au « pantographe », cet imitateur servile de leurs gestes, et qui, dans le cas, pour sa position verticale, l'étendue de ses bras et l'amplitude de ses mouvements, s'appliquait d'autant mieux à celui de l'instrument qu'on pouvait croire avoir affaire avec l'être du nom.

De ce croquis porté à l'état de dessin parachevé une réduction était faite en second lieu au pantographe ordinaire (peut-être même à l'aide du Physionotrace, d'après M. Cromer) pour les épreuves en gravure ; nous verrons avec plus de détails par la suite dans quelles conditions.

Il suffisait ici que nous ayons fait connaître le mécanisme de cette ingénieuse « machine » un peu fantasmagorique, du passage devant laquelle — quelque mise en scène aidant — les dames qui venaient se faire « portraicturer » chez Quenedey, puis chez Chrétien, devaient rapporter le souvenir d'un instant d'émotion pareil à celui que nos mères, au retour de chez le photographe (avant la confection des plaques extra-sensibles), gardaient de son impératif : *Ne bougeons plus !* (1).

⁂

Pour suppléer, au sujet de Quenedey, à l'indigence de nos ouvrages locaux, c'est dans des publications générales consacrées à l'art et aux artistes de la fin du XVIIIe siècle, ainsi que dans des dictionnaires et des périodiques spéciaux, comme nous venons déjà d'en donner un exemple, que nous avons rencontré divers renseignements, auxquels nous avons pu joindre un certain nombre d'informations inédites provenant de nos recherches personnelles dans les papiers d'archives de l'époque révolutionnaire et de la période du premier empire.

Nous nous ferons un agréable devoir de consigner, dans une note d'ensemble, à la fin de notre travail, parmi nos sources, les principaux ouvrages ou articles auxquels nous avons emprunté beaucoup d'idées, voire un certain nombre de passages, car un désir de documentation utile, plus qu'une recherche d'originalité absolue, nous a guidés dans l'établissement de la présente notice biographique et historique (2).

---

(1) L'article signalé de M. G. Cromer, quoique paru en 1925, porte *in fine* la date de *mars 1922*. « Le secret du physionotrace » nous paraît bien y être révélé pour la première fois de la façon la plus complète, au demeurant la plus séduisante. Toutefois après l'heureuse trouvaille du plan de Quenedey et sa description par M. F. Courboin en 1908, la technique scientifique de l'appareil de Chrétien, « dont le système ne tient qu'à un fil », avait été déjà, semble-t-il, pour le moins entrevue, dès 1914, par l'auteur d'une conférence faite le 26 mai de cette année, à l'assemblée générale de la *Société de la gravure française*, M. le docteur Ph. Dally (*Annuaire* de cette Société, 1913-août 1914, publié en 1921). *Suum cuique.*

(2) Nous tenons cependant à remercier tout d'abord particulièrement M. Albert Vuaflart, M. le docteur Dally, MM. Mas père et fils, MM. E. et P. Quenedey, arrière-petits-neveux du portraitiste, entre autres, des renseignements utiles et des documents intéressants qu'ils ont bien voulu nous fournir, enfin MM. les Conservateurs des Estampes de la Bibliothèque Nationale et du Musée Carnavalet, ainsi que MM. les Bibliothécaires de l'Institut d'histoire et de géographie de la Ville de Paris et de la Bibliothèque d'art et d'archéologie de l'obligeance avec laquelle ils ont facilité nos recherches dans les collections de leurs dépôts.

UN FOYER D'ARTISTES PEINTRES, GRAVEURS ET MUSICIENS

EDME QUENEDEY ET SES FILLES

I

Les débuts de Quenedey : aux Riceys, à Dijon et à Paris

Venu au monde le 17 décembre 1756 à Ricey-haut, Edme Quenedey fut le premier des huit enfants qui naquirent dans cette paroisse d'Etienne Quenedey « vigneron » et de Françoise Pissier, sa cousine, fille d'un « voiturier par terre », aussi de cette paroisse, mariés en l'église Saint-Vincent de celle-ci au commencement de l'année précédente.

Comme la plupart de ses concitoyens, le père d'Edme Quenedey était un petit propriétaire de vignes, s'adonnant lui-même à leur culture. Si dans divers actes ou contrats il est également appelé parfois « marchand », parfois « tonnelier », c'est parce qu'à la vente de sa récolte au dehors il joignait un commerce de futailles fabriquées par lui pendant la mauvaise saison : cas jadis assez ordinaire chez les gens laborieux et entendus d'un pays naguère encore essentiellement vignoble.

Les occupations manuelles du ménage d'ouvriers aisés qu'était celui d'Etienne Quenedey et de Françoise Pissier n'empêchaient pas ceux-ci d'entretenir quelques relations dans la bourgeoisie de robe et parmi la société instruite du marquisat des Riceys : trois avocats en parlement de la justice du lieu se comptent au nombre des témoins de leur union. Ces occupations n'excluaient pas non plus une participation suivie du mari aux affaires publiques de cette agglomération de trois bourgs distincts, dont deux se touchaient déjà : Ricey-haut et Ricey-haute-rive, puis, à quelque distance, Ricey-bas. Dans les assemblées communes de leurs habitants on voit Etienne Quenedey et son frère Nicolas, aussi vigneron et marchand, de même que le voiturier Edme Pissier, leur allié, faire toujours figure de « notables » (1)

(1) Du côté des Pissier, l'on n'était pas moins porté vers l'instruction que chez les Quenedey. Un des oncles maternels d'Edme Quenedey, plus âgé que lui de douze ans à peine, Joseph Pissier, fut chirurgien et officier de santé à Troyes durant une quarantaine d'années ;

La famille Quenedey était ancienne et nombreuse tant aux Riceys que dans les pays voisins dépendant comme eux du comté de Bar-sur-Seine.

Plusieurs de ses membres embrassèrent l'état ecclésiastique. C'est à l'un d'entre eux que le savant troyen Grosley fait allusion, dans une autobiographie dont nous reparlerons un peu plus loin, à propos du mari de sa sœur, M. Gallien, riche bourgeois de Troyes, né à Bar-sur-Seine. Plus spirituel qu'indulgent, à son habitude, Grosley raconte là que son beau-frère « n'avait « appris le peu de latin qu'il savait, qu'à coups de poing et de « nerf de bœuf, de la part d'un vieux curé de village du Barrois, « M. Kennedey ».

Moins rude paraît avoir été messire Jean Quenedey, originaire de Ricey-haute-rive, qui fut en dernier lieu curé d'Etivey (Yonne, arrondissement de Tonnerre, actuellement), paroisse bourguignonne autrefois comprise dans le diocèse de Langres et située sur la limite des Généralités de Paris et de Dijon, tout comme l'étaient plus au nord les paroisses des trois Riceys. En 1769, à soixante-cinq ans, ayant résigné ses fonctions curiales, il vint se retirer à Ricey-haut, où, jusqu'à sa mort arrivée en 1777, il ne desservit plus qu'une chapelle.

Au retour de cet abbé Quenedey, le jeune Edme — son homonyme, que nous allons suivre dans la vie — approchait de la quatorzième année. Lui fit-on commencer son instruction au petit collège que Philippe Houet, « professeur d'humanités », dirigeait à Ricey-haute-rive ? Ne dut-il pas plutôt ses premières connaissances et les rudiments de la langue latine aux bons offices du chapelain de Ricey-haut ? Nous ne savons.

On peut toutefois penser que l'influence de ce vieux prêtre, ami de sa famille, put ne pas être complètement étrangère à l'intention tout d'abord manifestée par ses parents de le destiner lui-même au clergé. Pour les gens du peuple, c'était là une manière, encore assez habituelle à cette époque, de pousser un enfant qui donnait aux siens des espoirs ambitieux,... ou bien d'établir honorablement un garçon qui causait à son entourage des appréhensions d'avenir.

---

il y mourut victime de son dévouement, comme cinq autres de ses confrères, pendant l'épidémie de typhus qui décima cette ville en 1814. Son fils, le docteur Michel-Victor Pissier, fut médecin aux Riceys.

Nous ne saurions dire si ce deuxième cas s'appliquait à notre futur portraitiste, lequel ne se sentant guère plus de vocation religieuse qu'il n'avait probablement de goût pour la culture du vignoble paternel, ne voulut point en définitive s'orienter vers la prêtrise. Force fut donc de lui faire prendre ou de le laisser choisir une autre voie, peut-être indiquée par des dispositions précoces pour les arts du dessin.

Il existait alors à Dijon une école qui jouissait d'une grande réputation dans toute la Bourgogne. Fondée, en 1765, par le peintre François Devosges, cette école était dirigée et entretenue par lui ; les Etats de la province la subventionnaient et le Gouverneur de celle-ci, le prince de Condé, la protégeait officiellement ; enfin, suivant l'exemple de l'école des beaux-arts de Paris, elle envoyait se perfectionner à Rome, aux frais de son budget, les meilleurs de ses élèves choisis au concours.

Or, en ce temps, par une singularité qui comptait d'assez nombreux exemples aux confins des anciennes circonscriptions, les trois Riceys étaient des bourgs mi-partis. Une fraction de chacun d'eux dépendait administrativement de l'Intendant de Paris, bien lointain ; l'autre fraction, relevait de l'Intendant de Bourgogne.

C'est au titre d'habitant de cette dernière province que le jeune riceton — on ne sait à quel moment précis, ni au juste dans quelles conditions (si ce fut notamment comme boursier), mais le fait est sûr — vint suivre à son académie de peinture les leçons de Devosges.

Edme Quenedey résida pendant plusieurs années à Dijon ; il y compléta ses études et l'on rapporte qu'il y aurait été le précepteur du fils d'une dame de Bellegarde, sur le compte de laquelle nous ne savons rien de plus.

Pendant qu'il faisait dans cette ville son instruction artistique, Quenedey eut pour condisciple Pierre Prud'hon, presque du même âge que lui, d'une origine plus modeste encore que la sienne, placé par la clairvoyante charité de l'évêque de Mâcon dans l'atelier de Desvoges et qui, après un séjour à Rome comme lauréat de son école, devait devenir l'un de nos peintres les plus illustres.

Entre ce grand artiste et le praticien habile que Quenedey resta seulement toute sa vie, aucun autre rapprochement n'est à faire, cela va de soi, en dehors de cette communauté d'apprentissage, sauf peut-être celui des encouragements et de l'aide que tous deux reçurent à leurs débuts d'un amateur bourguignon éclairé, M. de Joursanvault, de Beaune.

C'est pour cet amateur que Prud'hon exécuta des gravures et peignit des petits sujets allégoriques qui furent ses premiers essais. C'est également pour lui que Quenedey faisait des réparations de tableaux, comme nous l'apprend une lettre écrite de Ricey-haut en novembre 1780, dans laquelle il lui annonce « son retour dans son pays », nous fixant ainsi sur l'époque où il quitta Dijon, à l'âge de vingt-quatre ans (1).

Devosges, directeur de l'école des beaux-arts de Bourgogne, était dessinateur, peintre d'histoire et peintre de portraits aussi. Quenedey retira de son enseignement, entre autres moyens, un certain talent de miniaturiste, qu'il vint exercer à Paris, quand cet art gracieux, encouragé par la reine Marie-Antoinette, conquit la faveur publique au point d'assurer une clientèle même sous des formes d'exécution médiocres. Disons dès ici que ses productions en ce genre sont toutes ou presque toutes inconnues, aussi bien celles de ses débuts que celles du courant de sa carrière. Comme facture elles ne sortirent apparemment pas de l'ordinaire et, sans doute, l'histoire du portrait n'aurait gardé aucun souvenir de leur auteur, s'il n'avait jamais peint que des figures en miniature proprement dite.

Vers quelle date Quenedey s'établit-il à Paris ? On l'ignore. Mais il était déjà dans la capitale en 1787 et il y fréquentait alors les cénacles à la mode, notamment le *Salon de correspon-*

---

(1) Voir à l'Appendice cette lettre, dont l'original est conservé à la *Bibliothèque de Troyes*, depuis l'acquisition qui en a été faite à la vente Eugène Despois (25 mai 1877), au catalogue de laquelle elle est mentionnée sous la rubrique suivante :

« Quénedey, *peintre et habile graveur, l'inventeur* (?) *du procédé pour graver* (?) *les portraits au Physionotrace.* L. a. s. *au baron de Joursanvault ; Ricey-le-haut, le 5 nov. 1780.* Rare. *Relative à... etc.* ».

La suite de l'annonce n'étant pas plus fidèle que ce commencement n'est exact, nous ne la reproduisons pas et nous prions le lecteur de se reporter à notre copie de la pièce elle-même, curieuse à plusieurs points de vue. Il y verra ce à quoi Quenedey s'employait et s'intéressait à ce moment (Appendice, § II).

dance de La Blancherie. Nous en possédons la preuve par l'anecdote d'une petite mésaventure survenue, un peu de son fait, à un chanoine de Troyes, l'abbé Maydieu, mésaventure dont la bourgeoisie lettrée de la ville se serait fort égayée, paraît-il, cette année-là : contons-la donc brièvement.

Au mécontentement de la famille de l'érudit troyen Pierre-Jean Grosley, mort depuis un an seulement, le chanoine en question venait de publier une biographie de ce savant, écrite en partie par lui-même, dans laquelle plusieurs de ses proches étaient assez mal traités. Certain jour où l'abbé Maydieu et Quenedey se trouvaient parmi les artistes et les gens de lettres réunis chez La Blancherie, quelqu'un leur lut, par malice, une épigramme assez transparente dirigée contre le chanoine présent, dont Quenedey, de mèche avec l'auteur de la pièce, dessina rapidement le portrait pendant qu'on lisait celle-ci. La caricature, au bas de laquelle il transcrivit l'épigramme, ayant été gravée le lendemain, on envoya à Troyes de nombreux exemplaires de cette estampe, « qui piqua beaucoup Maydieu » et « fit un bruit de diable », d'après le médecin publiciste Simon, rédacteur du *Journal de Troyes*, à qui nous devons de connaître, par les papiers qu'il a laissés, et l'anecdote qui précède et l'estampe qu'on trouvera reproduite parmi nos illustrations (Voy. Pl. I, 4).

Quelque froissement d'amour-propre qu'il en ait ressenti sur l'instant, l'incident ne tourna pourtant pas au complet désavantage de l'abbé Maydieu, puisque ses traits — un peu « chargés », il est vrai — se trouvent sauvés de l'oubli grâce à ce dessin, dont tout porte à croire que Quenedey fit aussi la gravure, car sur l'estampe la copie de l'épigramme est de sa main (1).

Ce renseignement n'est pas dépourvu d'intérêt ; il nous indique que, dès 1787, Quenedey avait au moins une teinte de cet art, auquel, à partir de l'année suivante, nous allons le voir s'adonner avec une habileté progressive, en se spécialisant dans la confection des petits portraits gravés, dits « portraits au physionotrace », où la ressemblance était obtenue par le pro-

---

(1) *Bibl. de Troyes*. Fonds Millard, n° 2602. On trouvera le texte de cette épigramme tel qu'il figure au dessin de Quenedey, suivi de quelques explications à l'Appendice, § III.

cédé mécanique que l'on sait et dont le genre — *genre créé par lui* — connut une vogue rapide et durable qui, pendant un temps, fit échec à la miniature ordinaire.

⁂

Quenedey et Chrétien. — Silhouettes et Physionotraces. Les théories physiognomoniques du pasteur suisse Lavater. Vogue de Quenedey.

L'appareil baptisé par son auteur du nom un peu bizarre de « Physionotrace » était, on l'a vu, une machine à dessiner et non une machine à graver, comme on put le croire à priori, avant l'exhumation de documents précis la concernant, dont le plus décisif fut son image même, retrouvée par M. François Courboin, il y a vingt ans environ, chez l'arrière-petite-fille de Quenedey et publiée par lui dans le *Bulletin de la Société de l'histoire de l'Art français,* avec des suggestions ingénieuses, en 1908.

En 1786, plus de cent-vingt ans auparavant, l'existence de cet appareil avait été révélée au public pour la première fois, par l'annonce que voici, parue dans une revue savante du temps, la *Bibliothèque physico-économique,* dont Parmentier, le propagateur de la pomme de terre, était l'un des directeurs : « M. Chrétien, musicien de la chapelle du Roi, vient d'imaginer « un instrument par le secours duquel on fait un portrait sui- « vant une grandeur donnée, de profil ou de trois quarts, en « trois ou quatre minutes, sans savoir dessiner. Le prix de « cette machine n'excède pas 24 livres ».

Violoncelliste dans les orchestres royaux, ce M. Chrétien résidait habituellement, en raison de son emploi, au siège de la Cour, à Versailles. Si la musique était son occupation principale, le dessin, la gravure et les arts mécaniques l'intéressaient également. C'est en s'y exerçant qu'il était parvenu, dès 1784, à construire le *Physionotrace,* d'abord pour son amusement.

Ayant ensuite modifié et amélioré son appareil, Chrétien le soumit à l'Académie des sciences, qui ne s'y arrêta pas (1).

Il en céda aussi divers modèles de sa fabrication à plusieurs personnes. Cette « machine » n'était toutefois considérée par les acquéreurs et par l'inventeur lui-même que comme une

(1) *Procès-verbaux,* 6-13 mai, 14-21 juin 1786.

curiosité ingénieuse, comme un moyen de se procurer quelque distraction en matière de dessin, « sans savoir dessiner », selon la formule caractéristique de l'annonce rapportée plus haut.

Quenedey eut un jour connaissance de l'invention de Chrétien. Dessinateur et portraitiste de profession, il lui apparut qu'elle était apte à rendre des services d'un ordre moins restreint.

On faisait alors des images en forme d'ombres chinoises, dites « portraits à la silhouette », du nom d'un malchanceux Contrôleur général des finances qui leur avait été ironiquement appliqué et qu'elles ont conservé (1).

Ces profils de visage ramenés à de petites dimensions, qu'on ornait d'encadrements ou qu'on montait en dessus de boîtes, en médaillons, voire sur des bagues, étaient conservés comme souvenirs de famille ou distribués comme présents d'amitié. En ne représentant qu'une coupe de la tête, toute sombre, les « silhouettes » manquaient de vie ; elles n'accusaient une ressemblance manifeste que dans le cas où la figure du modèle était remarquable par la ligne du front, du nez ou du menton. Malgré leur défaut d'expression et leur aspect caricatural, ces effigies — prototypes du portrait à bon marché — demeuraient en grande faveur auprès du public. Cette faveur était telle qu'elle dura jusque dans les premières années du XIXe siècle (Voy. un « portrait à la silhouette », Pl. II, 3).

Aidé de la gravure, le dessin au physionotrace devait pouvoir fournir, dans le genre du portrait, des résultats de toutes façons supérieurs à ceux donnés par la « silhouette », et, suivant le goût du jour, ces résultats en arriveraient eux-mêmes à forcer le succès, au point de vue artistique comme au point de vue commercial. C'est vraisemblablement ce dont Quenedey avait eu l'intuition, lorsqu'il s'aboucha, vers la fin de 1787, avec Chrétien

---

(1) Pas plus que M. Poubelle, préfet de la Seine, n'a « inventé », au sens strict du mot, les boîtes à ordures ménagères, le docteur Guillotin la machine à décapiter et l'empereur Vespasien les édicules que l'on sait, M. de Silhouette ne fut point le créateur des découpures qui ont fait passer son nom dans le langage courant, ainsi qu'on le croit, qu'on l'écrit même ordinairement. Leur véritable inventeur est inconnu. Quant au mot « silhouette », nouveau substantif français né vers le milieu du XVIIIe siècle, il est d'origine historique et un peu plus subtile que ceux de « poubelle »,de « guillotine » et d'autres (A 1).

(A 1) Voir ce renvoi et les autres du même genre, A 2, A 3, etc. aux ADDENDA, pages 56 et suivantes, après l'APPENDICE.

pour engager celui-ci à tirer un parti plus utile de son instrument, en associant leurs talents respectifs.

Cette proposition acceptée, Quenedey vint habiter quelque temps près du musicien versaillais.

Seul concessionnaire d'un type d'appareil perfectionné que Chrétien avait construit en dernier, Quenedey se mit à l'œuvre. Six mois plus tard, ayant mené son entreprise suffisamment à bien, il en faisait annoncer la réussite dans le *Journal de Paris* du 25 juin 1788, par une lettre dont l'anonymat ne saurait faire illusion. La sûreté automatique de la ressemblance obtenue par leur procédé était le point essentiel, la nouveauté qui devait ressortir aux yeux du public dans cette lettre ainsi conçue (1) :

Aux auteurs du Journal

« Vous savez, Messieurs, combien il est rare de voir les personnes qui se font peindre satisfaites de la physionomie que l'on donne à leur portrait. En effet, chaque peintre a sa manière, non seulement de colorier, mais même de dessiner, et cette manière communique au portrait un caractère particulier qui, dominant plus ou moins dans l'ouvrage, donne souvent lieu d'y reconnaître plus aisément l'artiste que le modèle.

« Mais les peintres ne peuvent éviter d'avoir une manière à eux, d'où il arrive que le même personnage ne se ressemble plus dans deux portraits de différents maîtres. On remarque bien, dans chacun, de certains airs de ressemblance avec l'original, mais on n'y trouve jamais cette réunion, cette totalité de traits ressemblants qui caractérisent la vraie physionomie. Or, ce qu'il était impossible aux peintres de faire à cet égard est devenu facile par le moyen d'une machine qui oblige celui qui s'en sert de se dépouiller de toute manière pour copier exactement la personne qu'il dessine.

« J'ai vérifié, Messieurs, l'effet de cette heureuse invention (nous la devons à un musicien de la Chapelle qui joint à une très grande

(1) Nous aurions désiré pouvoir ne donner que des extraits de cette lettre et de deux autres qui suivront, en nous bornant à renvoyer pour le reste le lecteur à la remarquable étude initiale de M. Henry Vivarez sur *Le Physionotrace*, parue en 1906, dans le Bulletin de la Société *Le Vieux Papier*, étude qui fut pour nous un guide précieux dans nos recherches personnelles et dont le fascicule demeurera notre vade-mecum. Elles y sont tout au long, mais déparées par tant d'erreurs de transcription dues au copiste qui en a relevé le texte, que certains passages ont perdu toute couleur et parfois leur signification. Tel est le motif d'une répétition qui pourrait sembler n'être qu'une superfétation.

habileté dans son art un talent rare dans la mécanique), et tous les spectateurs ont été agréablement surpris, comme moi, de voir qu'une séance de cinq minutes, de la part de Mgr le Dauphin, avait suffi pour nous rendre avec la plus parfaite précision les traits de cet auguste enfant ; plusieurs personnes de la Cour se sont empressées de l'imiter et ont admiré constamment le même succès fourni par un moyen aussi rapide que sûr et ingénieux.

« On a beaucoup pressé M. Quenedey, à qui l'usage de cette machine est confié, de s'établir à Paris et je ne doute pas que le Physionotrace y étant connu ne satisfasse parfaitement les personnes jalouses de posséder des portraits absolument fidèles jusque dans les plus petits détails et qui rendent, avec la précision la plus rigoureuse, l'esprit même de chaque physionomie et jusqu'aux nuances des caractères.

« J'ai l'honneur d'être, etc... »

Un de vos abonnés.

L'administration du *Journal de Paris* estima qu'une réclame aussi enthousiaste pour de simples figures au trait appelait quelques réserves ; elle ajouta donc :

Note des rédacteurs

« Nous pensons que cette machine, tout ingénieuse qu'elle puisse être, ne produira jamais des morceaux aussi précieux que l'est un beau portrait colorié, son mérite consistant particulièrement à tracer les linéaments de la physionomie.

« Or, les linéaments font une partie et non le tout d'un portrait ; la couleur, les ombres et les clairs le portent à sa perfection. Nous croyons même qu'il faut être artiste pour bien se servir de cette machine » (A2).

Une fois réinstallé à Paris, comme il avait pris soin de l'indiquer pour éveiller l'attention de la clientèle de la capitale, après avoir habilement donné à entendre qu'il avait été honoré à Versailles de celle de la Cour et même de la famille royale, Quenedey profita du post-scriptum des rédacteurs du *Journal de Paris* pour leur demander l'insertion — sous sa signature, cette fois — d'une lettre explicative de sa manière d'opérer.

Cette seconde lettre, aussi commerciale que la première était diplomatique, parut sans aucune remarque additionnelle dans le numéro du 21 juillet 1788, en ces termes :

« Messieurs, si l'auteur d'une lettre insérée, dans votre journal du 25 juin, relative au Physionatrace, de l'invention de M. Chrétien, avait parlé de la modicité de prix des portraits que je fais avec cette machine, il vous aurait évité la note que vous avez mise au bas de la lettre.

« J'avoue avec vous, qu'étant artiste, je me sers de cette machine avec beaucoup plus d'avantage que quelqu'un qui ne le serait pas. Deux minutes tout au plus, que j'emploie pour dessiner la figure ne sont pas un espace assez long pour que le modèle change de physionomie : de là vient la grande vérité que l'on remarque dans tous les portraits faits avec le Physionotrace et qui étonne les plus habiles artistes. Ils comparent ces portraits à ceux qui sont moulés sur nature.

« Je fais, en six minutes de séance, le portrait grand comme nature et je donne ce trait pour 6 livres ou je le réduis et le grave de la grandeur de 18 lignes, tête et buste compris, sans rien perdre de la ressemblance, et j'en donne, quatre jours après la séance, douze épreuves pour 15 livres. Quand on prend la planche avec laquelle on peut tirer 2.000 épreuves, on paie 24 livres ; si l'on en veut de coloriées il en coûtera 3 livres par chaque exemplaire.

« Il sera aisé de ne point confondre ces profils avec ceux que l'on nomme *Silhouette*, qui n'offrent que le contour extérieur de la tête, au lieu que ceux-ci donnent tous les détails d'un portrait le mieux étudié.

« La tranquillité qu'exige cette manière de dessiner, m'oblige de faire des billets qui indiqueront des heures différentes pour chaque personne.

« On paiera 6 livres en prenant chaque billet. On les trouvera au Palais-Royal sous les arcades, à droite en entrant par la Cour des Princes, n° 180 (chez M. Bevalet, marchand bijoutier).

« *Signé* : QUENEDEY, *Peintre* » (1).

De cette intéressante lettre-prospectus et de celle qui l'avait précédée, il faut retenir notamment les passages où l'auteur assurait que ses portraits étaient à juste titre « comparés à ceux qui sont moulés sur nature » et se flattait d'y rendre « avec la « précision la plus rigoureuse, l'esprit même de chaque physio- « nomie *et jusqu'aux nuances des caractères* ».

A quoi rimait cette prétention très spéciale de Quenedey ?

Tout simplement à exploiter en faveur de ses œuvres une autre vogue du moment, celle des théories physiognomoniques formulées par Lavater pour enseigner l'art de juger le caractère des individus d'après les traits de leur visage. Ces théories fascinaient les demi-savants de l'époque et particulièrement la multitude toujours avide de ce qui lui semble tenir du merveilleux.

---

(1) Voir parmi nos illustrations la reproduction du « *Billet de Séance retenue chez Quenedey* », auquel celui-ci vient de faire allusion (Pl. II, 2).

La réclame n'avait pas manqué déjà de s'en emparer au profit des « Silhouettes », considérées par Lavater lui-même comme le moyen le plus parfait (il entendait dire : le plus conforme à son système) pour montrer les rapports d'analogie qui existent entre le physique et le moral. Aussi les rencontre-t-on parfois accompagnées des appréciations les plus conjecturales, qui, de nos jours, paraissent ressembler fort aux élucubrations de quelque diseuse de bonne aventure (1)

Quenedey, dans ses lettres au *Journal de Paris*, avait tenu à spécifier aux nombreux adeptes de la physiognomonie qu'ils trouveraient mieux encore leur compte avec le nouveau genre de portraits qu'il faisait à l'aide d'un instrument « calquant la nature » : c'était d'un commerçant avisé.

De fait, comme il l'avait prévu, en plus de la ressemblance saisie par une opération mécanique, la brièveté du temps de pose, la similitude et la simplicité des reproductions nouvelles, leurs dimensions restreintes et leur faible prix de revient, furent, pour les portraits au physionotrace, des avantages vite appréciés.

Les pratiques vinrent donc bientôt en nombre chez Quenedey, dont les feuilles publiques n'avaient pas tardé à commenter élogieusement les annonces. A propos du « portrait de M. Bailly, de l'Académie française, de celle des sciences, arts et belles-lettres, etc...», le *Journal de Paris*, dès le 16 septembre 1788, ajoutait de son chef que ce portrait était vraiment « d'une ressemblance frappante ». Quant à celui de « M. de Buffon, d'après le buste de M. Houdon », le *Mercure de France* du mois

---

(1) Lisez plutôt ce que portait le prospectus illustré d'une MACHINE SURE ET COMMODE POUR TIRER DES SILHOUETTES, qui nous est tombé sous les yeux. Un dessinateur y termine le sombre profil d'une tête féminine et, d'un air entendu, vous dit en légende : « *Voici le caractère que j'assignerais à la silhouette de cette jeune personne. J'y trouve de la bonté sans beaucoup de finesse, de la clarté dans les idées et le talent de les concevoir avec facilité ; un esprit fort industrieux, mais qui n'est point dominé par une imagination bien vive et qui ne s'attache guère à une exactitude scrupuleuse. On ne retrouve point dans la copie le caractère de gaieté qu'annonce l'original, mais le nez a gagné dans la silhouette ; il y exprime plus de finesse.* » La page étant comble, le boniment s'arrêtait là.

d'octobre suivant, assurait de son côté qu'il était fait « pour établir en faveur de son auteur le préjugé le plus avantageux ».

En novembre 1788, Quenedey n'était pas loin d'enregistrer son trois centième portrait.

Un an plus tard il devait arriver au millième ; soit une moyenne de deux clients nouveaux par jour. Cette proportion élevée pour le temps dénote la prompte vogue des petites estampes dont il exécutait les dessins initiaux et qui n'étaient connues que comme sortant de chez lui (Voy. Pl. II, 4 et 5).

Les clients qui défilaient dans son atelier devant l'appareil de Chrétien, ignoraient ce dernier et la part discrète qu'il prenait à la confection de ces estampes. Ne voyant que Quenedey, le public ne parlait que de lui : lui seul personnifiait les portraits de la nouvelle facture.

Le fait se conçoit aisément ; on s'en rendra cependant mieux compte par le récit d'un petit incident, qui se produisit au sein même de l'Assemblée nationale.

Le 7 septembre 1789, à Versailles, tandis que cette Assemblée discutait gravement l'importante affaire du droit de *veto* législatif à accorder ou non au Roi, les discours furent un moment interrompus pour recevoir « une députation de plusieurs citoyennes de la Ville de Paris, femmes ou filles d'artistes, qui, après avoir réuni les ornements et les bijoux dont elles s'étaient jusqu'alors parées, venaient en faire hommage à la Nation pour contribuer au paiement de la dette publique ». Au nombre d'une douzaine, vêtues de blanc, la coiffure ornée d'une cocarde aux trois couleurs, ces citoyennes entrèrent au milieu des applaudissements et, par politesse, furent reçues au delà de la barre dans l'intérieur même de la salle. Un député lut pour elles un discours, auquel le président répondit en exaltant leur sacrifice et en exprimant le vœu qu'il fût imité autant qu'il allait être approuvé.

La générosité du geste, l'éloquence des orateurs, la vision des robes blanches enthousiasmèrent quelques membres de l'Assemblée. L'un demanda et obtint que le discours et les noms de ces « vertueuses françaises, dignes émules des antiques romaines » fussent insérés au procès-verbal du jour. Un autre émit, sans succès d'ailleurs, l'idée de les autoriser à porter un patriotique insigne distinctif. Alors, un troisième posa galamment cette question : « *A présent que le physionotrace de Quenedey vous* « *reproduit comme une magie et à si peu de frais,* ne pourrait- « on obtenir des citoyennes qui ont donné la première impul- « sion à la générosité publique qu'elles accordent chacune un « quart d'heure à l'art qui nous transmettra leurs traits adora- « bles ? ».

L'audience prit fin sur ces mots « pleins de sensibilité » et sur la prière, à laquelle ces dames accédèrent avec grâce, de conserver jusqu'à la fin de la séance la place d'honneur qui leur avait été accordée. Après quoi la discussion parlementaire continua par un long et filandreux discours de l'abbé Sieyès sur la sanction royale et la permanence du Corps législatif, dont elles furent dédommagées par l'accueil vibrant qu'on leur fit au sortir de l'Assemblée et par une rentrée à Paris presque triomphale.

Ce jour-là — disent les Goncourt dans leur *Histoire de la Société française sous la Révolution* (III §4) — « le geste des femmes artistes fonda la *Caisse patriotique ;* son à-propos réveilla l'esprit public et la contagion du sacrifice gagna bientôt en France toutes les conditions, tous les âges, tous les états ». Incident mémorable, auquel il est assez curieux de trouver mêlé par occasion le nom de notre portraitiste, d'une manière qui met en pleine évidence sa notoriété personnelle du moment (A 3).

⁂

D'abord associés, Quenedey et Chrétien se séparent

Si l'on s'en tenait à la correspondance publiée par le *Journal de Paris* en 1788, où Quenedey donnait à entendre qu'il se chargeait dans un court délai d'exécuter les planches et de fournir les épreuves, on pourrait croire qu'au début la gravure des portraits au physionotrace était son œuvre au même titre que leur dessin. Ce serait commettre une erreur.

En réalité, Chrétien et lui se partagèrent d'abord la besogne. A Paris, Quenedey recevait les pratiques ; il prenait leurs profils et les mettait en valeur ; il les « habillait » pourrait-on dire. Après avoir réduit ces figures à la dimension voulue, Quenedey les envoyait à Chrétien qui les gravait dans son atelier de Versailles ; de là les planches revenaient à Quenedey pour être remises par lui aux clients avec le nombre d'épreuves convenu.

Néanmoins, entre temps, au commerce de Chrétien etd'autres spécialistes du burin de ses amis, Quenedey s'était perfectionné dans l'art de la gravure, sans cependant s'y livrer pour la fourniture des physionotraces au public avant la fin d'août 1789.

A ce moment, le jugeant devenu suffisamment habile en cet art, Chrétien laissa son coopérateur de la veille achever seul l'ouvrage, c'est-à-dire qu'il s'en remit à ce dernier du soin de reproduire en estampes les figures dessinées par lui. Dès lors, pendant un temps, celles-ci devinrent uniquement des *portraits de Quenedey* et non plus des *portraits gravés par Chrétien d'après Quenedey*, comme précédemment.

Quelques mois après que ces artistes eurent ainsi cessé de collaborer, une scission se produisit entre eux. Chrétien vint s'établir à Paris et prit un nouvel associé, du nom de Fouquet, avec lequel il travailla de son côté. La clientèle eut alors le choix entre les portraits de *Quenedey seul* et ceux de *Chrétien d'après Fouquet.*

Tout cela résulte clairement d'une nouvelle lettre qui parut, à la demande de Chrétien, dans le *Journal de Paris* du 24 décembre 1789, dont voici le texte :

Aux Auteurs du Journal

Messieurs, si le physionotrace et mes procédés pour la gravure vous ont paru mériter d'être cités dans votre journal lorsqu'ils furent publiés de mon aveu par Mr Quenedey, je crois pouvoir espérer que vous voudrez bien m'être plus directement favorables en annonçant ma résidence actuelle à Paris.

« Ayant gravé tous les portraits de Mr Quenedey jusqu'au 18 août dernier et n'ayant renoncé à ce faible et unique avantage que je tirais de ma découverte que lorsqu'il se présuma assez sûr de mes procédés pour opérer seul, je me suis occupé, depuis ce temps, à perfectionner l'usage du physionotrace et à rendre mes productions susceptibles d'être particulièrement distinguées.

« J'ai donc l'honneur de vous prier, Messieurs, de vouloir bien faire connaître mon établissement et ma nouvelle association avec Mr Fouquet, peintre en miniatures. Nous suivrons les prix adoptés jusqu'à présent et l'on pourra voir de nos ouvrages Cloître-Saint-Honoré, près de notre demeure et de l'endroit où l'on prendra les billets qui sont indispensables pour l'ordre de nos travaux et la tranquillité des personnes qui en feront l'objet. — *Signé :* Chrétien, inventeur du physionotrace » (A 4).

L'absence de renseignements plus amples sur la séparation de Quenedey et de Chrétien et sur les véritables causes de la concurrence qu'ils se firent à partir de ce moment, n'empêche pas d'en deviner les motifs probables.

Au début d'octobre 1789, un mouvement populaire provoqué par l'insuffisance du pain dans la capitale, avait brusquement ramené, de Versailles à Paris, Louis XVI, la Cour et les députés de l'Assemblée nationale. L'heure n'était plus guère à la musique et l'on ne pouvait manquer de prévoir, dans les milieux intéressés, que les orchestres royaux ne tarderaient pas à chômer. Les difficultés d'existence annoncées par les événements politiques incitèrent vraisemblablement le violoncelliste Chrétien à tirer désormais des ressources effectives de cette autre corde qu'il avait sous la main : la gravure des portraits exécutés avec l'appareil de son invention.

Au bout de deux ans, pendant lesquels l'exploitation de ce procédé mécanique avait été surtout profitable à la réputation et aux intérêts de l'un des contractants, l'autre associé — sous la pression des nécessités et peut-être quelque déception d'amour-propre aussi le poussant — eut le désir assez naturel de recueillir à son tour un bénéfice appréciable de l'engouement du public pour les reproductions obtenues par ce procédé.

Chrétien avait imaginé « le Physionotrace » ; mais Quenedey avait lancé « les physionotraces ». Chacun d'eux — le premier pour la trouvaille de l'instrument ; le second pour l'idée et le succès de son utilisation commerciale — étaient en droit de revendiquer une part personnelle dans la réussite de l'affaire. La reprise de leur liberté, puis leur établissement séparé devaient donc pouvoir s'effectuer normalement, sans incorrection et sans acrimonie : c'est bien ainsi d'ailleurs que les choses semblent s'être passées.

Dans la lettre de Chrétien, du 24 décembre 1789, que nous avons entièrement reproduite avec intention, lettre d'allure fort simple et de ton très modéré, nous ne saurions trouver en effet, à l'exemple de plusieurs auteurs qui l'ont interprétée avant nous (MM. Bégis, Vivarez et Fromageot), la marque de « dissensions rendues publiques » et encore moins le témoignage d'une « protestation indignée contre un acte de concurrence indélicate »

Cette lettre reconnait en toute bonne foi que, depuis plusieurs mois, Quenedey gravait lui-même ses portraits, c'est-à-dire en somme qu'il entretenait seul et par ses propres moyens la vogue des physionotraces. On pourrait donc alléguer à l'inverse, sans invraisemblance, qu'en fondant ensuite une nouvelle maison, ce fut Chrétien qui organisa la concurrence ; d'autant que pour pouvoir la soutenir il crut devoir faire appel à l'habileté d'un autre miniaturiste (Fouquet d'abord et Fournier ensuite), ne se sentant pas assez sûr de son propre crayon pour livrer à la clientèle des portraits dessinés par lui-même. Chrétien finit cependant par y arriver, mais assez tard, à partir du Consulat seulement (1)

***

Autour du Palais Royal. — Quenedey et Chrétien « marchands de curiosités ». — Sa vogue tombée, Quenedey quitte Paris.

Vers la fin du XVIIIe siècle, les artistes parisiens qui habitaient sur la rive droite de la Seine, étaient presque tous groupés aux environs du Louvre, dans lequel du reste beaucoup d'entre eux occupaient, usurpaient même des logements.

Pour ceux dont la spécialité devait recruter sa clientèle parmi la masse mouvante du public élégant, frivole et dépensier, leur point principal de rassemblement se trouvait en ce même quartier, autour du Palais-Royal, dans les rues voisines de cette sorte de caravansérail installé au cœur de Paris par le duc d'Orléans, avec ses longues galeries aux arcades grillées, son oasis intérieure, son Cirque en sous-sol et son « Camp des Tartares ».

Se fixer là, à proximité des traiteurs en vogue, des cafés en renom et des tripots en crédit, non loin des boutiques de curio-

(1) A mesure que son succès grandit, Quenedey modifia ses conditions de livraison — demandant six ou huit jours, après n'en avoir demandé d'abord que quatre pour la fourniture des épreuves — et de prix, en le faisant passer, de 24 livres qu'il était en 1788, à 36 livres vers le milieu de 1790, pour le grand dessin, 12 épreuves réduites en noir sur papier et la planche. Pour les épreuves coloriées le tarif variait suivant le mode de confection.

Passé 1792 ses prix ordinaires ne nous sont plus aussi bien connus. La réussite de son genre de portraits provoqua de nombreuses imitations des physionotraces, contre lesquelles à deux reprises en 1788 et en 1791, il crut devoir mettre sa clientèle en garde.

A l'Appendice, § V, on verra ce que procurait *la physionotracie.*

sités, des cabinets d'attractions et des étalages d'immoralité, dont ce coin de la capitale offrait l'extraordinaire réunion et le spectacle aujourd'hui disparus, était une des exigences de l'achalandage pour toute entreprise tributaire de la mode.

Dans les derniers mois de l'année 1789, lorsqu'il s'était vu forcé d'abandonner dans Versailles déserté son logement de la place Dauphine, n° 1, Chrétien était donc venu prendre sa demeure dans ce quartier de Paris, au n° 45 de la rue Saint-Honoré, vis-à-vis de la congrégation de l'Oratoire, et établir son atelier ou son magasin de vente tout près de là, « au-dessus du passage de la rue Croix-des-Petits-Champs », dans une maison du Cloître-Saint-Honoré, sur une partie duquel s'élève depuis 1913 une annexe des Grands magasins de nouveautés du Louvre : la « maison de M. de Champaux », d'après l'indication d'un de ses portraits-réclame.

De son côté, après avoir habité quelque temps au n° 45 de la rue des Bons-Enfants — à la suite du court séjour d'initiation qu'il avait fait à Versailles, près de Chrétien, en 1788 — Quenedey, à la fin de 1789, était installé depuis peu rue Croix-des-Petits-Champs, dans l'immeuble connu sous le nom d'Hôtel de Lussan, qui portait en ce temps le n° 10, à l'endroit du n° 42 d'à présent.

Les maisons des deux anciens associés se trouvaient ainsi à deux pas l'une de l'autre.

Au n° 10 de la rue Croix-des-Petits-Champs, Quenedey conserva son domicile pendant plus de cinq ans, des derniers mois de 1789 aux premiers mois de 1795, en ayant eu de plus, à partir de 1793, une boutique distincte de son logement au n° 81 de cette même rue.

Lorsqu'il changea d'adresse à nouveau, ce fut pour se rapprocher encore davantage du Palais-Egalité, du « ci-devant Palais-Royal » devenu propriété nationale, en s'installant cette fois dans l'une de ses dépendances, dans cette Cour des Fontaines (la place de Valois, depuis 1867) où de jour et de nuit l'on voyait rangés les phaétons de luxe et les cabriolets de louage qui avaient conduit soit au plaisir des gens de toute société, soit vers la fortune ou la débâcle des agioteurs de tout acabit. Sa demeure correspondait en cet endroit au n° 1111 du quartier dont elle faisait partie. Il n'y resta guère qu'une année, de ventôse an III au même mois à peu près de l'an IV, c'est-à-dire de février 1795 à mars 1796 environ (Voy. ces divers emplacements sur le plan des *Abords du Palais Royal,* Pl. II, 1).

Les affaires de Quenedey s'étaient considérablement ralenties depuis 1792. Son transfert de domicile n'améliora pas sa situation. A la cour des Fontaines les pratiques ne se présentèrent pas en plus grand nombre qu'elles n'étaient venues dans les derniers temps rue Croix-des-Petits-Champs.

Il pâtissait de la crise révolutionnaire comme tous les artistes, grands ou petits. Sans leur avoir procuré des acheteurs dans la société nouvellement arrivée au pouvoir ou parvenue dans le négoce, cette crise les avait privés de leur clientèle d'antan, nobiliaire, ecclésiastique et étrangère. Pour eux, c'était donc la gêne à peu près générale ; quelquefois même c'était la misère, que connut alors Prud'hon, le condisciple de Quenedey à l'école des beaux-arts de Dijon, ancien prix de Rome de cette école, réduit pour vivre à dessiner des en-têtes de lettres et des vignettes de prospectus.

Pour Quenedey en particulier, il se pourrait aussi qu'il eût souffert de la concurrence — d'ailleurs toute légitime : soyons plus juste pour d'autres qu'on ne l'est d'ordinaire à son égard — que lui faisaient Fouquet et Chrétien, dont les portraits de cette époque avaient en général, il faut le reconnaître, plus de brio que les siens. Il avait en outre fait publier à diverses reprises, pour certains portraits de sa confection ou vendus chez lui, tels que ceux de Voltaire et de Charlotte Corday, de J.-J. Rousseau et de Fenelon, des réclames témoignant — en apparence tout au moins — de sentiments plus propres à détourner de son magasin qu'à y attirer beaucoup de ses premiers clients ou de personnes appartenant à leur milieu. Enfin, malgré l'entière liberté d'admission aux expositions publiques du Louvre décrétée par l'Assemblée constituante, Quenedey n'eut point l'entregent d'y montrer de ses œuvres, alors qu'au contraire on avait pu voir au Salon de 1793 un cadre de « cent portraits en profils dessinés par Fouquet et gravés par Chrétien » et au Salon de 1795, douze cadres de cinquante portraits chacun présentés par les mêmes artistes.

En tous cas Edme Quenedey, dans le courant de l'an IV (vers avril 1796), quitta la capitale, où selon toute apparence son art ne lui procurait plus qu'avec difficulté les ressources nécessaires aux besoins des siens : de sa femme, Marie-Madeleine

Pella et de ses deux filles, toutes jeunes, *Adèle*-Marie-Joséphine, née le 28 novembre 1789 et Fanchette-Henriette-*Aglaé*, née le 13 mars 1792 (1)

Peut-être prit-il un peu trop vite le parti de s'éloigner, car la période du Directoire allait être marquée par un goût prononcé, presque par une manie de la portraiture et devenir une époque bien plus fructueuse que celle de la Convention pour les silhouetteurs, les profileurs et les faiseurs de ressemblance en tous genres.

⁂

Revenu... de voyage, Quenedey se réinstalle à Paris. — Chrétien et lui y travaillent de nouveau concurremment.

Quenedey vécut hors de Paris plus de cinq nouvelles années. Il n'y rentra qu'à la fin de l'an IX, c'est-à-dire vers août ou septembre 1801, sous le Consulat.

Que devint-il pendant ces cinq années ?

Deux notes qu'il fit paraître peu de temps après son retour, à quatre mois de distance, vont nous l'apprendre, ou pour mieux dire, vont nous le laisser en partie à deviner. Elles élucideront de plus un point que nous nous sommes efforcés précédemment de mettre en lumière.

La première de ces notes, dont nous soulignerons les phrases à retenir, fut publiée le 13 vendémiaire an X (5 octobre 1801). En voici le début : « Quenedey, dessinateur au physionotrace, « graveur, peintre en miniature, *le premier qui ait fait des* « *portraits avec cet instrument* et connu par la quantité qu'il en « fit pendant neuf ans, *après un voyage de cinq ans à l'étran-* « *ger*, où il a perfectionné son genre et trouvé des moyens de « graver plus prompts que ceux qu'il employait jadis, informe « le public qu'il va de nouveau se livrer à la gravure et à la « peinture de portraits ; etc... ». L'avis se termine par des renseignements sur sa nouvelle demeure que nous utiliserons plus loin et par cette indication engageante : « Il ne demande « rien si l'on n'est pas ressemblant ».

---

(1) Contrairement à diverses indications, c'est bien *Adèle* (et non *Aglaé*) qui était l'aînée (*Archives de la Seine*. Actes reconstitués).

Chrétien, resté dans l'intervalle l'unique fournisseur notoire de portraits dessinés au physionotrace, fit peut-être savoir à Quenedey, dont la réapparition sur la place de Paris pouvait ne pas lui être très agréable, qu'il y avait de sa part quelque inexactitude à se dire « le premier qui ait fait des portraits avec cet instrument ». On se rappelle, en effet, que son inventeur s'en était, dès l'origine, servi pour cet usage et qu'il le vendait même à des tiers, dans les premiers temps, comme une machine à dessiner des portraits.

Toujours est-il, soit pour cette raison, soit pour toute autre, qu'une seconde note parut le 27 pluviôse an X (16 février 1802) avec une variante intéressante à reproduire : « QUENEDEY — « portait-elle — dessinateur au physionotrace,.... *le premier qui « ait fait ce genre à Paris*, le seul, excepté Chrétien, son ancien « associé, qui grave des portraits faits avec cet instrument « curieux, prompt et infaillible, de retour d'un voyage de cinq « ans dans l'étranger, informe le public etc... »

Cette fois, on le voit, Quenedey revendique la priorité en matière d'exécution généralisée, de confection commerciale des portraits au physionotrace. Il se donne comme le premier qui ait fait avec cet instrument des portraits pour la clientèle : c'est d'ailleurs ce qu'il avait probablement voulu dire dans sa première note. Or, c'est sans l'ombre d'une protestation (toutes les feuilles d'annonces de l'an X que nous avons compulsées sont muettes à ce sujet) que Chrétien laissa passer cette formule nouvelle dépourvue d'ambiguité dans un avis au public où, à la différence de la fois précédente, il se trouvait personnellement nommé.

De ce silence de Chrétien on peut donc inférer la reconnaissance par lui-même du fait que Quenedey fut bien *le créateur de ce genre de portraits*, suivant l'opinion à laquelle un exposé logique des conditions de leur association nous avait déjà conduits, dont l'exactitude nous semble maintenant démontrée.

Cette opinion laisse d'ailleurs subsister en faveur de Chrétien tout le mérite d'avoir imaginé l'appareil au moyen duquel ces portraits étaient exécutés. Son ancien associé lui en avait reconnu par trois fois la paternité dans sa correspondance de 1788 avec le *Journal de Paris*, en termes si nets, qu'on ne saurait, selon nous, tenir pour fondé, en l'absence de toute justification de leur part, le reproche adressé par de rares auteurs à Quenedey — qui ne prit jamais, à notre connaissance, d'autre titre que celui de « dessinateur au physionotrace » — d'avoir « faussement contesté » à Chrétien l'invention de cet instrument et de se l'être même « audacieusement attribuée » (A5).

***

En se rappelant au souvenir des Parisiens, Quenedey leur donnait pour motif de sa longue absence « un voyage à l'étranger ». Aujourd'hui cette explication semble toute naturelle et nous l'avons toujours vue présentée comme telle. Aucun auteur n'a pensé qu'elle pût être sujette à caution, oubliant qu'en l'an IV on était encore en période révolutionnaire et qu'on n'allait pas de son chef se fixer au delà des frontières de France sans inconvénients pour soi, voire sans quelques risques de désagréments pour les parents proches qu'on laissait au pays.

En fait, Quenedey s'était d'abord rendu à Bruxelles, alors chef-lieu du département français de la Dyle, où il aurait demeuré près de six mois ; un certain nombre de ses estampes sont signées de cette ville. Peut-être, comme on l'a dit, séjourna-t-il aussi un peu à Gand, chef-lieu du département de l'Escaut ; nous n'en avons cependant pas rencontré la même preuve.

De ces « départements réunis » — on appelait ainsi tous ceux qu'on avait à cette époque formés en Belgique et dans les Pays-Bas autrichiens à la suite des nos récentes conquêtes — Quenedey se rendit probablement à Anvers et de là, sans grande difficulté, put s'embarquer pour Hambourg, où, d'après une mention gravée sur l'un des premiers physionotraces qu'il y fit, il se trouvait déjà au mois d'octobre 1796.

Sauf quelques déplacements occasionnels, c'est dans ce grand port allemand, ville libre mais politiquement agitée, qu'il passa la plus grande partie des cinq années d'éloignement dont lui-même a parlé, s'occupant à faire des portraits et à peindre des miniatures pour les habitants de cette populeuse et commerçante cité hanséatique, comme Brême et Lubeck ses voisines.

La femme de Quenedey et leurs jeunes enfants l'avaient-ils accompagné ? C'est possible ; c'est même probable. Nous ne le savons cependant pas d'une manière certaine.

En dehors des nécessités de la course à la clientèle, d'autres raisons amenèrent-elles notre portraitiste à prendre la grave détermination d'abandonner le territoire national ? Nous ne le savons pas davantage.

Certes, l'on chercherait vainement son nom sur les listes officielles d'émigrés qui furent publiées de la fin de l'an III jusqu'au milieu de l'an VIII. Cela n'empêche pas que le fait de son passage en Allemagne et de son établissement prolongé à Hambourg, dans cette ville qui, au moment où il y arriva, était l'un des principaux centres de réunion de nos expatriés politiques, le classait inévitablement au nombre de ceux-ci.

Malgré la chance — chance qu'expliquent les préalables escales de Quenedey à Bruxelles et à Gand, tranquillement faites à la faveur d'un passeport obtenu des autorités parisiennes pour se rendre dans ces nouvelles villes françaises où le contrôle des déplacements individuels ne devait pas être aussi rigoureusement établi que dans celles de la vieille France — malgré la chance, disions-nous, qu'il eut de pouvoir rester à l'étranger sans attirer l'attention des policiers et des agents domaniaux, on peut tenir pour certain (comme le cas se produisit pour l'un de ses frères commissionnaire en dentelles, au retour d'un voyage d'affaires en Suisse) que notre artiste en portraits, tout dépourvu qu'il était de biens au soleil, aurait eu maille à partir avec ces fonctionnaires, s'il n'avait pas longtemps attendu avant de chercher à rentrer en France que le moment fût devenu propice à une semblable tentative (1).

---

(1) Afin de se rendre dans les « départements réunis », Quenedey n'avait eu besoin que d'un passeport « pour l'intérieur » et l'on peut regarder comme sûr qu'il en avait pris un avant de quitter Paris, conformément à la loi du 10 vendémiaire an IV (2 octobre 1795) (*a*) ; la destruction des *Archives de la Préfecture de police* en 1871, ne nous a pas permis d'en retrouver le double. Nous n'avons rien découvert non plus à son sujet dans les dossiers de la Police générale aux *Archives nationales* (F[7], 3577), comme nous nous y attendions, car ils ne conservent que les copies des passeports « à l'étranger ». Par contre, nous avons rencontré dans ceux-ci une note qui nous a mis sur la trace de la mésaventure policière, dont nous venons de parler, survenue à son frère en l'an VI. (On la trouvera rapportée à l'Appendice, § IV).

(*a*) « *Jusqu'à ce qu'il en soit autrement ordonné, nul individu ne pourra quitter le territoire de son canton, ni voyager sans être muni et porteur d'un passeport signé par l'administration munici-*

Ce moment favorable survint à souhait pour lui en 1801. Au cours de cette année, les Danois s'étant emparés de Hambourg imposèrent à ses habitants une énorme contribution. Toutes les affaires en souffrirent ; la colonie française dut se disperser.

Or, en France, dès cette même année, Napoléon commençait à percer sous Bonaparte. Le premier consul laissait le ministre de la police entrouvrir aux émigrés les barrières que son arrêté du 26 avril 1802 (6 floréal an X) devait faire tomber devant eux. A la fin de l'an IX, six mois avant l'amnistie générale, Quenedey qu'on n'avait toujours pas inscrit sur les listes d'expatriés en surveillance put donc repasser assez facilement la frontière, rentrer dans Paris, s'y réinstaller et annoncer publiquement quelques jours plus tard, sans abuser de l'euphémisme, qu'il « revenait de voyage ».

Fidèle à son quartier, il s'était alors logé au n° 1284 de la rue Neuve-des-Petits-Champs, devant l'ancien hôtel de la Compagnie des Indes, occupé depuis par la Trésorerie Nationale, dans une maison touchant à celle des restaurateurs fameux Sibille et Archambault et reconnaissable au bureau de change des monnaies de la banque Thorel et Cie, établi en devanture.

Il se retrouvait là, à deux pas de la rue Vivienne, tout près d'une des entrées les plus fréquentées de l'ex-Palais Royal, devenu le Palais du Tribunat dont — comme au début du Directoire, lorsqu'il avait quitté la Cour des Fontaines — les galeries et le jardin étaient encore, en cette seconde année du Consulat, la promenade à la mode (Voy. Pl. II, 1).

Quenedey devait terminer ses jours dans cette demeure en 1830, après une résidence ininterrompue de plus d'un quart de siècle marqué par maints changements de régime.

Entre temps, son adresse y subit une légère modification. Le nouveau numérotage effectué dans le courant de 1805, d'après le plan qu'on a conservé, attribua en effet le n° 15 à l'immeuble

---

pale (Titre III, art. 1. — « *Tout individu voyageant, et trouvé hors de son canton sans passeport, sera mis sur le champ en état d'arrestation, et détenu jusqu'à ce qu'il ait justifié être inscrit sur le tableau de la commune de son domicile* (Ibid. art. 6).

Quenedey venait à peine de s'éloigner de Paris quand une nouvelle loi du 17 ventose au IV (7 mars 1796) vint renforcer les dispositions précédentes, comme encore celle du 28 vendémiaire au VI (19 octobre 1797) par la suite.

de la rue Neuve-des-Petits-Champs qui portait antérieurement le n° 1284. La rue Neuve-des-Petits-Champs de cette époque s'appelle, depuis 1881, la rue des Petits-Champs et c'est vraisemblablement au n° 13 de celle-ci, en face de la porte monumentale de l'ancien hôtel de la Compagnie des Indes et de la Trésorerie compris dans l'enclos de notre Bibliothèque Nationale actuelle, que correspondait jadis la maison dont il s'agit (A6).

Pendant l'absence de Quenedey, Chrétien n'avait pas déménagé ; il habitait toujours du côté du Louvre, « vis-à-vis l'Oratoire ». Il demeura là tant qu'il vécut, c'est-à-dire jusqu'en 1811. La substitution, dans son adresse, du n° 152 au n° 45 d'auparavant ne fut, comme dans le cas précédent, que l'effet du changement d'étiquetage de la rue Saint-Honoré en 1805 (A7).

Ainsi, les maisons de vente des deux spécialistes du portrait au physionotrace se trouvèrent un peu moins proche l'une de l'autre sous le Consulat et pendant la période brillante du premier Empire, qu'elles ne l'avaient été au temps de la Révolution.

⁂

Mort de Chrétien ; Bouchardy, son successeur. — La « camera lucida » de Quenedey.

En se réinstallant assez loin de Chrétien dans le quartier de Paris imposé par leur genre d'ouvrage, Quenedey avait agi sagement et, une fois de plus, semble-t-il, avait fait preuve de délicatesse envers l'associé de ses débuts.

On ne pourrait peut-être pas en dire autant du peintre Bouchardy vis-àvis de Quenedey, une douzaine d'années plus tard, quand Chrétien fut mort. (1).

---

(1) Chrétien mourut subitement au début de mars 1811. Il mettait alors la dernière main à la gravure des planches d'un ouvrage dont il était l'auteur : *La Musique étudiée comme science naturelle... et comme art...*, en tête duquel il se donne les titres de : « Musicien de S. M. l'Empereur, précédemment Pensionnaire du Roi, Membre de l'Académie royale de Musique, Musicien de la Chapelle, de la chambre et des concerts particuliers de la Reine, Inventeur du Physionotrace et Membre de plusieurs Sociétés savantes ». Très élogieusement apprécié dans un certificat de condescendance délivré à sa veuve par les célèbres compositeurs Martini, Grétry et Lesueur — dont les histo-

Ayant acquis, croit-on, des héritiers de ce dernier son fonds et sa clientèle de portraitiste qu'il avait plus ou moins délaissés depuis quelque temps pour redevenir musicien professionnel et même pour se faire musicographe, cet autre miniaturiste (Bouchardy) livra au public, à partir de 1811, des petits portraits gravés analogues à ceux qui sortaient de chez Chrétien et de chez Quenedey, comme s'y étaient employés à diverses époques, d'une manière moins suivie, plusieurs de leurs imitateurs : Gonord, Roy et Godefroy, entre autres, parmi ceux dont les productions sont parfois signées.

Dès avant 1810, d'après l'*Almanach du Commerce*, Bouchardy demeurait au Palais-Royal, n° 82 (Galerie de pierre ou Café de Chartres). Cette adresse est celle qu'indiquent certains de ses profils et les premières de ses cartes-prospectus sur lesquelles on le voit se donner en hautes lettres le titre de SUCCESSEUR DE M. CHRÉTIEN, INVENTEUR DU PHYSIONOTRACE, qu'on trouve reproduit à côté de son nom sous ses médaillons : titre qui n'implique d'ailleurs qu'une prise de suite commerciale et non, d'une manière évidente, la continuation de l'exploitation du même procédé de dessin. Or, un peu plus tard, ses portraits lui assignent pour nouveau domicile le n° 33 de la rue Neuve-des-Petits-Champs. C'était moins d'une dizaine de maisons après celle de Quenedey, logé au n° 15 de la même rue : voisinage maladroitement recherché, si ce fut le cas, au demeurant peu propre à maintenir de bons rapports entre artistes de la même spécialité.

La tapageuse réclame de Bouchardy incita Quenedey à présenter de ses œuvres au Salon de 1812, comme Chrétien et Fouquet l'avaient fait pour les leurs à maintes reprises de 1793 à 1808 inclus. Il figure au catalogue de ce Salon, sous le n° 1275 parmi les graveurs, avec un cadre de « portraits gravés d'après ses dessins ».

---

riens de la musique n'ont pas cru pouvoir endosser l'opinion — cet ouvrage, « fruit d'un travail de quarante années et sur lequel son auteur fondait une nouvelle réputation », se vendait chez Mme Chrétien, *rue Saint-Honoré, n° 152, en face l'Oratoire*, en un volume in-8° de 278 pages, accompagné d'un Précis et d'un cahier de 17 planches in-f° : 24 francs (Cf. *Moniteur universel*, n^{os} des 12 juillet et 7 déc. 1811) — Le n° 152 est encore en face de l'ancien Oratoire.

C'était la première fois qu'il exposait. Vraisemblablement ce fut aussi la dernière (1). On s'explique mal cette négligence ou ce manque de hardiesse de sa part, après les exemples qui lui avaient été donnés.

Dans quelle mesure et pendant combien de temps le « Successeur de Chrétien » lui fit-il effectivement concurrence ? Nous ne pouvons le dire avec précision, car on sait fort peu de chose sur la vie et sur l'œuvre du peintre et graveur Bouchardy (il y en eut plusieurs de ce nom) dont nous voulons parler ici. Nous ne croyons pas toutefois que ce fut pendant plus de sept ou huit ans, soit jusque vers 1820 au maximum.

Dès lors Quenedey, qui avait dépassé la soixantaine, parait être resté seul à travailler dans le genre du portrait à bon marché, sous la forme de petites estampes à tirage renouvelable, lancé par lui quelques trente ans auparavant, dont la mode, cette éternelle inconstante, s'était déjà détournée.

Un père n'abandonne pas son enfant. Quenedey soutint donc le sien du mieux qu'il put à mesure que ses moyens faiblissaient, jusqu'à sa propre mort. Celle-ci survint au début de l'année 1830 et nous avons pu voir de ses ouvrages, à la vérité devenus médiocres, qui sont datés de 1829.

Mais passé cette date, il ne nous a plus été donné de rencontrer aucune gravure, de qui que ce soit, dont la lettre fît encore mention, comme ses derniers portraits, de l'emploi du physionotrace ou même seulement du nom de cet appareil (Voy. Pl. III des médaillons de Quenedey de diverses époques et Pl. IV, des exemples d'œuvres analogues d'autres portraitistes sur lesquelles il est fait allusion au physionotrace).

Le mot et la chose tombèrent dans un complet oubli, une fois Quenedey disparu.

Lui-même, très probablement, dans les dernières années de sa vie, se servait moins de la chose que du mot. S'il lui arrivait de manœuvrer devant le client sa machine monumentale, ce ne devait plus guère être que... pour la forme (nous allions dire : pour la frime), afin d'entretenir dans le public le souvenir d'une

(1) Le *Dictionnaire* de Bellier de la Chavignerie et Auvray qui ne cite, d'après sa préface, que les artistes « admis *plusieurs fois* au Salon » ne parle pas de Quenedey.

vogue qu'il avait due jadis à cet instrument « magique » et de pouvoir conserver sur les épreuves de ses portraits une vieille formule qui était devenue comme sa marque personnelle et distinctive de fabrique : « *Dessiné au physionotrace par Quenedey* ».

Et pourquoi croyons-nous qu'on doive douter un peu de la complète véracité de cette formule, à partir d'un certain moment ?

Tout simplement parce que l'appareil imaginé par Chrétien sous Louis XVI avait perdu sa raison d'être bien avant la mort de Quenedey. Il était devenu caduc à la suite, non de l'invention du daguerréotype entrée dans la pratique sous Louis-Philippe seulement, mais d'une découverte intermédiaire faite en Angleterre dès 1804, dont les adaptations ne purent être importées librement chez nous que sous Louis XVIII, quand les hostilités eurent cessé avec nos voisins d'outre-Manche : celle du prisme de Wollaston, ou, en d'autres termes, celle de la « chambre claire ».

Sans reproduire ni fixer d'elle-même les images des objets, comme le firent ensuite la daguerréotypie, puis la photographie, la chambre claire ne permettait encore que de calquer ces images, mais d'une manière beaucoup plus simple et surtout bien moins encombrante à domicile que celle par laquelle on « calquait la nature » (comme disaient les prospectus de 1788) à l'aide du physionotrace. Dès lors celui-ci disparut de l'outillage des professionnels du dessin, si tant est qu,il y soit jamais entré beaucoup ailleurs que dans les ateliers des quelques portraitistes spéciaux qui nous occupent.

Quenedey aurait-il donc usé en dernier lieu de la chambre claire, soit conjointement avec cet appareil désuet, soit en catimini de préférence à celui-ci ? Le fait est presque certain.

Nous n'en voulons pour preuve que le désir exprimé par lui vers la fin de l'Empire, à une époque où l'Angleterre était toujours l'irréductible et insaisissable ennemie de la France, de posséder l'instrument de Wollaston, au risque d'un sérieux procès de douane.

Pourquoi, comment une des sœurs de Quenedey était-elle alors fixée à Londres ? Nous ne savons ; toujours est-il que dans une lettre interceptée par la police et conservée aux Archives nationales, il lui écrivait à la date du 9 septembre 1813 : « ... *Si par une occasion sûre tu pouvais m'envoyer ce qu'on appelle dans ton pays une chambre claire ou* camera lucida, *je te serais obligé de le faire. Cela est connu des peintres dans ce pays là. Il faudrait qu'elle fût la plus simple possible, montée en bois au lieu de cuivre...* » — « *Informe-toi* (ajoutait-il en post-scriptum) *si on grave des portraits comme ceux que je fais, dans ton pays* ».

Encore que sa sœur n'ait jamais reçu cette lettre, pouvait-il, d'après cela, ne pas avoir eu chez lui un de ces instruments, quand, les Bourbons rentrés et la paix faite avec les Anglais, le commerce fut repris avec ceux-ci ?

Du jour de cette acquisition, le physionotrace qu'employait Quenedey dut voir son service réduit de plus en plus et commencer à descendre du rang d'outil de travail au rôle d'article de réclame et d'objet de curiosité, à l'instar du spécimen de cette « heureuse mécanique » que, vers la fin de 1811, peu de temps après la mort de Chrétien, « un peintre distingué » (Bouchardy probablement) avait envoyé au Conservatoire des arts et métiers,... *ad patres* (1).

⁂

Le « papier-glace », les pains à cacheter et les « pierres lithographiques françaises » de Quenedey

Durant la période de sa vie, passée rue Neuve-des-Petits-Champs, de 1801 à 1830, Quenedey ne s'employa pas seulement, sans interruption comme nous venons de le voir, à dessiner et à graver des physionotraces.

---

(1) Cf. *Moniteur universel* du 9 septembre 1812 : *Liste des acquisitions faites par le Conservatoire depuis le 5 août 1811*, lue à la distribution des prix aux élèves de cet établissement. « Conservons précieusement — dit à cette occasion dans son rapport M. Mollard, administrateur — toutes ces richesses industrielles, tous ces résultats de l'expérience... Leur spectacle peut encore développer l'esprit d'invention ». C'était fort bien parler. Seulement, quand en 1906, M. Vivarez et le conservateur de l'époque recherchèrent de compagnie, parmi les collections, « le Physionotrace de l'invention de M. Chrétien », déposé moins d'un siècle auparavant, ils ne parvinrent pas à le découvrir. Les vers probablement avaient fait leur œuvre dans sa charpente. (Sur *Bouchardy* qui, selon nous, l'avait donné, Voy. A8).

En plus de cette spécialité principale, il eut deux autres motifs d'occupation, deux autres articles de vente d'un genre nouveau, fruits de ses recherches personnelles, liés aussi aux arts du dessin, dont nous devons à présent dire quelques mots. Il dota les graveurs d'une fourniture très utile et il prit au développement initial de la lithographie en France une part qui, toute modeste qu'elle ait été, mérite d'être rappelée.

On sait que la gravure exige plusieurs opérations préliminaires, parmi lesquelles sont celle du *calque* et celle du *décalque*. La première consiste, on le devine, à prendre une copie du dessin que l'on veut graver, au moyen d'un papier transparent. La seconde a pour objet de transporter cette copie sur l'enduit de vernis recouvrant la plaque de métal qui sera ensuite travaillée par l'artiste d'après ce report, soit au burin, soit à l'eau-forte, soit des deux façons à la fois. La netteté de la transparence du papier à calquer importe donc beaucoup, cela va de soi, afin que les traits les plus délicats du dessin qu'il s'agit de rendre puissent être suivis et formés avec précision.

Si, à une transparence absolue, ce papier joint assez d'épaisseur et de rigidité pour se laisser entailler légèrement, outre l'avantage de réduire à fort peu de chose l'opération du décalque, par simple renversement du calque ainsi préparé, ce même papier offrira la supériorité de permettre d'obtenir, au tirage, *des estampes du même sens que l'original,* montrant à droite ce qui sur lui est à droite et non pas ce qu'il contient à gauche, comme il arrive quand l'opération du décalque a été faite en agissant « directement » sur le calque.

Or, Quenedey trouva la composition et entreprit la première fabrication d'un papier de cette sorte, ressemblant à une corne très mince, de surface parfaitement plane, fait avec de la colle de poisson ou avec une gélatine analogue, coulée sur une plaque de verre ou de cuivre soigneusement polie.

Il présenta, dès 1810, à la *Société d'Encouragement pour l'Industrie Nationale,* sous le nom de « papier-glace », ce produit dont les qualités particulières furent vite appréciées des dessinateurs et des graveurs de son temps.

Aussi ne tarda-t-on pas à l'imiter. Néanmoins, une quinzaine d'années plus tard, la faveur que les artistes lui conservaient encore valut à son fabricant une médaille de bronze à l'Exposition de 1823 et, à celle de 1827, un rappel de cette médaille.

Les rapports officiels auxquels nous empruntons ces renseignements nous apprennent de plus — disons-le pour les curieux des moindres choses dont s'agrémentait la vie usuelle de nos pères — que l'on trouvait aussi chez Quenedey des pains à cacheter transparents qu'il décorait sur commande de camées ou de chiffres.

Ces pains à cacheter, qui se collaient extérieurement en guise de cachets de cire pour clore les lettres avant l'emploi des enveloppes, n'étaient d'ailleurs pas autre chose que des rondelles en papier de couleur, doublées de « papier-glace », dans la pâte duquel pouvaient être incrustés les « silhouettes » ou les monogrammes choisis par les clients. Une lettre autographe de Quenedey, de décembre 1827, conservée à la Bibliothèque nationale, porte encore le pain à cacheter rose vif, tout simple, au moyen duquel il l'avait close (A9).

Dès les premières années de la Restauration, Quenedey avait augmenté son magasin d'un article tout différent.

Au commerce des portraits au physionotrace et des miniatures de sa confection, des œuvres de quelques-uns de ses amis qui ne possédaient pas comme lui boutique sur rue, de son papier-glace et de ses pains à cacheter, il avait joint le négoce des pierres lithographiques ou plus exactement d'une certaine catégorie de ces pierres.

Inventée en Bavière, en 1796, la lithographie ne se répandit en France que vers la fin du premier Empire. Elle s'y développa vite, tout en restant tributaire de l'étranger pour les pierres propres à son usage.

On croyait que notre sol n'en renfermait pas. Un jour, cependant, on trouva quelque peu de ce calcaire spécial dans l'Indre. La *Société d'Encouragement pour l'Industrie Nationale* organisa aussitôt un concours pour inciter à le rechercher dans les autres départements.

Alors on apprit qu'il en existait çà et là, en bancs d'épaisseur et de qualité variables, notamment dans les environs de Langres et en Bourgogne. Niepce, le futur inventeur de la photographie, en rencontra près de Chalon-sur-Saône, son lieu de naissance.

De prime abord, les professionnels de la gravure sur métaux se montrèrent en général hostiles à la lithographie, dans la crainte — crainte en partie justifiée — que ce moyen rapide et économique de reproduire des dessins ne portât préjudice à leur art et à leurs intérêts.

Quenedey, au contraire, fut séduit par la nouveauté de l'impression lithographique et s'y intéressa.

Le prix proposé par la Société d'Encouragement l'ayant déterminé à explorer les collines de son pays natal, il eut — comme Niepce — la bonne fortune de voir ses recherches couronnées de succès, d'abord sur le finage des Riceys (en *Tracu*, près de Ricey-Bas), puis mieux encore dans les carrières de Mussy, bourg voisin. Il rencontra là une couche assez épaisse et très régulière d'un calcaire que sa pâte homogène, son grain fin, sa contexture très forte, faisaient ressembler presque à la pierre de Pappenheim, en Bavière, l'une des plus employées.

Quenedey fit entreprendre l'exploitation de ce banc et, après en avoir déposé officiellement des échantillons au Conservatoire des Arts et Métiers de Paris, il mit en vente ces *pierres lithographiques françaises*. C'est pour les avoir découvertes et livrées le premier au commerce qu'il reçut solennellement de la Société d'Encouragement, le 27 août 1817, l'unique médaille d'argent offerte comme prix à la suite du concours organisé dans toute la France par cette Société.

A sa mort, on vendait encore chez lui de ces pierres.

Comme toutes les autres dalles tirées des mêmes carrières, elles étaient taillées et façonnées dans des usines hydrauliques installées sur la Seine, à Mussy, et un peu plus en aval, au village de Polisot, que traversait autrefois la grande route de Dijon à Troyes, par laquelle le roulage emportait la production de ces usines. Celle de Mussy s'arrêta la première. Celle de Polisot fonctionnait encore en 1846 ; elle disparut à son tour un peu plus tard, arrêtant dans l'Aube l'extraction des pierres à lithographier, à laquelle on s'était livré, avec plus ou moins de succès commercial pendant une trentaine d'années (1).

---

(1) Cf. R. Hennequin, *Les premières expositions troyennes de l'industrie locale* (Choses et Gens d'autrefois, 2e série ; *Troyes, Paton*, 1926, in-12).

II

La descendance de Quenedey. Ses filles : Adèle (Mme Bailly) et Aglaé portraitiste et musicienne). Les dernières années de Quenedey ; sa fin.

Le peu qui nous reste à dire sur la vie de Quenedey trouvera tout naturellement place parmi les renseignements que nous allons maintenant donner sur son entourage familial.

Il n'avait, on le sait déjà, que deux filles.

L'aînée — Adèle, née en 1789 « sur la paroisse Saint-Eustache » — épousa le 28 novembre 1811, à Paris, un ingénieur hydrographe, M. Joseph-Charles Bailly. Le nouveau ménage habita, pendant quelques années au moins, chez les parents de la jeune femme, qui prit alors de son père des leçons de peinture, en vue de retirer dans l'avenir quelques ressources supplémentaires de son savoir-faire en cet art.

L'on n'était, en effet, que tout juste à l'aise dans les deux familles. En septembre 1813, si Quenedey, artiste et philosophe, écrivait à sa sœur vivant à Londres, dans la lettre interceptée dont il a déjà été question : « Je fais toujours à peu près le néces« saire ; c'est ce que l'on désire actuellement », Mme Bailly disait par contre à sa tante dans une rallonge à cette lettre : « Je me trouve toujours bien heureuse d'être avec mes bons « parents. Si j'avais un peu plus de fortune, il ne manquerait « rien à mon bonheur.... Mon mari n'est pas allé en campagne « cette année... ; il vaudrait mieux pour nous qu'il fît un voyage « tous les ans, parce qu'alors sa place est plus avantageuse, car « si je ne travaillais pas un peu de mon côté, nous aurions de « la peine à joindre les deux bouts de l'année. *Je commence « à peindre la miniature,* ce qui pourra par la suite me faire « gagner de l'argent s'il vient des étrangers ici.... ».

Ce fragment de lettre ne donne pas à penser, contrairement à l'opinion de plusieurs auteurs, qu'avant d'être mariée, Mme Bailly ait vraiment aidé son père pour le dessin ou la gravure de ses physionotraces. Nous devons d'autre part ajouter que nous ignorons si, au cours de son mariage, elle s'adonna réellement à la miniature, comme elle y avait d'abord songé ; en tous cas nous n'avons rencontré ni dessin ni aquarelle qu'on pût attribuer, sinon avec certitude, du moins avec quelque probabilité à Adèle Quenedey.

A la différence de sa sœur, Aglaé Quenedey — la cadette, née en 1792 — resta célibataire et l'on peut dire d'elle à coup sûr qu'elle fut l'élève et l'auxiliaire de son père, jusqu'à la mort de celui-ci.

Il existe des physionotraces et des grands portraits gravés qui sont signés d'elle ; leur aspect ne les distingue guère de ceux de son père. Nous en avons vu plusieurs ; ceux qui portent une date sont antérieurs à 1830. Nous ne savons si elle en fit d'autres quand au delà de cette année elle se trouva sans parents, sa mère étant décédée dès 1824 (1).

Aglaé n'était pas seulement douée pour les arts du dessin ; elle avait aussi un certain talent de musicienne.

Il semble bien d'ailleurs qu'au foyer de Quenedey la musique était en honneur et les musiciens en crédit, d'après le nombre important d'entre eux dont il a gravé les portraits, non seulement sur commande mais aussi comme articles d'édition. Cette galerie pourrait servir à illustrer toute une histoire de la musique.

Cette préférence et ce goût étaient peut-être nés au temps de son association avec le violoncelliste Chrétien ou bien avaient trouvé l'occasion de se développer dans l'entourage et parmi les relations du ci-devant musicien de la chapelle de Versailles, qui reprit, comme l'on sait, un pupitre aux concerts l'Empereur Napoléon Ier, dont l'oreille n'était au demeurant pas meilleure que celle du roi Louis XVI.

Toujours est-il que la seconde fille de Quenedey avait de réelles dispositions musicales. C'est même à ce don que nous devons de trouver son nom mêlé à un léger incident administratif dont les archives de la Police générale ont gardé la trace. En voici comme anecdote le résumé, d'après l'analyse publiée dans l'*Intermédiaire,* par le chercheur (M. Alfred Bégis) qui a découvert ce dossier.

---

(1) D'après le *Dictionnaire de* Bénézit, Mme Quenedey aurait elle-même été une habile miniaturiste et le Musée d'Amsterdam possèderait un portrait daté de 1787, que le catalogue de ce musée attribue à son mari ou *à elle.* Rapportons ce renseignement sans nulle confiance en sa seconde supposition, à l'appui de laquelle rien n'est parvenu à notre connaissance. Nous ignorons même si, en 1787, Quenedey était déjà marié.

Aglaé ayant composé la musique de certains *Chants russes* traita, au mois de janvier 1814, avec un éditeur qui, pour se conformer à la loi, en soumit la partition à la censure du Directeur général de l'imprimerie et de la librairie. Or, Russes, Allemands et Autrichiens venaient d'envahir le territoire français ; le Directeur trouva pour l'heure cette publication de très mauvais goût et le fit savoir aussitôt au ministre de la Police, en ces termes : « Il m'a semblé fort étrange que le sieur Démar, auteur « et marchand de musique, assisté d'une demoiselle Aglaé Que- « nedey, choisissent le moment actuel pour nous présenter des « *Airs russes* et des *Chants cosaques.* Notre musique avec ces « barbares doit n'être que celle des canons et des fusils. J'ai « refusé le dépôt et le récépissé de cette musique, ainsi sa vente « n'est point autorisée...». Sur quoi, les préfets reçurent sans délai l'ordre de faire saisir immédiatement tout exemplaire des airs en question qui serait trouvé dans le commerce. Le sieur Démar et la demoiselle Aglaé Quenedey eurent le bon esprit de se tenir cois. Celle-ci fit paraître en 1814 d'autres morceaux de musique : les *Adieux d'un Chinois et de son amie* et *Je pense à toi,* avec accompagnements de piano et de harpe ; mais les *Chants russes* ne furent jamais imprimés même après la seconde restauration des Bourbons (1).

C'est à cette époque que Quenedey père commença de ressentir les souffrances qui ne devaient l'abandonner qu'avec la vie et à voir de pénibles deuils faire le vide autour de lui.

Il approchait de la soixantaine. C'est l'excuse d'un curieux billet qui faisait partie de la petite collection d'autographes des Goncourt, dont Edmond a donné le texte presque complet dans sa *Maison d'un artiste* (I, p. 282 — A 10), par lequel il sollicitait du maire du IIe arrondissement de Paris, à la date du 1er février 1816, probablement une dispense du service de la garde nationale, en un style singulièrement haché.

Après avoir précisé son âge, qui le plaçait à « un peu moins d'un an de celui requis pour l'exemption naturelle », puis énuméré ses misères physiques : « douleurs rhumatismales qui sou- « vent le privaient de l'usage du bras gauche », « rhume catha-

(1) Il existe de « Sébastien Démar, compositeur de musique né en Franconie », un physionotrace « dessiné par Fouquet et gravé par Chrétien,... cour Saint-Honoré... ».

« reux qui lui faisait cracher le sang tous les hivers », Quenedey ajoutait : « En voilà beaucoup plus qu'il n'en faut, Mon« sieur, pour me faire préférer de coucher en prison, pourvu « qu'elle soit à l'abri des injures du temps, à faire faction, au « milieu de la rue, de nuit, soit en hiver, soit en été ».

L'Hôtel des Haricots — on sait que tel était le surnom donné depuis la Révolution à la maison d'arrêt destinée aux gardes nationaux réfractaires — lui eût donc, à l'entendre, mieux convenu qu'il ne convint par la suite à cet autre « soldat citoyen » peu zélé, dont le rhumatisme ne faisait pas les tourments, lorsqu'il y crayonnait aux murs de sa cellule les strophes connues pour leurs premiers vers :

On dit : triste comme la porte
D'une prison
Et je crois, le diable m'emporte,
Qu'on a raison.
(A. de Musset).

Les rhumatismes ne font pas mourir. D'aucuns prétendent qu'ils sont un brevet de longue vie. Quenedey dut supporter les siens pendant une quinzaine d'années encore.

D'ailleurs on vivait vieux dans sa famille ricetonne.

Etienne Quenedey, son père, qui, lors de la réunion des électeurs du canton des Riceys pour le vote sur l'acceptation de la Constitution de 1793, avait ouvert la séance « comme citoyen le plus âgé », n'était mort qu'en 1810, à quatre-vingt-six ans.

Sa mère, Françoise Pissier (de qui, en 1818, à l'intention de ses propres frères et sœurs, il fit au crayon lithographique le joli portrait de vieille femme en bonnet du pays qui clôt nos illustrations) mourut aussi aux Riceys en 1822 seulement, âgée de quatre-vingt douze ans.

Peu après, en 1824, il perdit à Paris sa femme : Marie-Madeleine Pella, dont nous savons seulement par la lettre de Mme Bailly qu'elle fut une épouse dévouée et une excellente mère de famille. Il n'eut plus alors auprès de lui pour tenir sa maison que sa fille Aglaé, avec laquelle il passa ses dernières années. Elle en adoucit les duretés par l'empressement de ses soins et par le secours de sa collaboration, car ni l'art ni le commerce ne les avaient enrichis tous deux.

(4)

LÉGENDE :

1. *L'appareil du Physionotrace;* plan dessiné, coté et annoté par Quenedey. (*Bibl. Nat.* Sur l'original on voit de plus, à droite de l'instrument, trois petits croquis de son « visier » V et d'un accessoire A non reproduits ici).

2. CHRÉTIEN (Gilles-Louis), inventeur du Physionotrace ; portrait dessiné par Fouquet, gravé par lui-même (*Bibl. d'Art et d'Arche*).

3. QUENEDEY (Edme), vulgarisateur du Physionotrace ; portrait dessiné et gravé par lui-même (*Coll. de l'auteur*).

4. Portrait-charge de l'abbé MAYDIEU, chanoine de Troyes, par Quenedey (1787). Voy. à l'Appendice § II, le texte de l'inscription (*Bibl. de Troyes*).

Elle lui ferma les yeux, le 15 janvier 1830, dans les premiers mois de sa soixante-quatorzième année.

Quittant le logement paternel de la rue Neuve-des-Petits-Champs, n° 15, qu'elle partageait depuis trente ans, Aglaé Quenedey s'en fut demeurer, à deux pas de là, dans l'ambiance de ses affections familiales, au n° 38 de la rue Richelieu, où elle est décédée en mai 1850, à cinquante-huit ans seulement, « rentière » au dire de son acte mortuaire.

Adèle Quenedey, sa sœur aînée, ne mourut qu'en 1873, plus qu'octogénaire et veuve depuis 1844 de M. Bailly. Leur fille avait épousé M. Paulin Richard. Devenu l'un des conservateurs de la Bibliothèque Nationale, celui-ci fut tué par accident en mai 1871, pendant les troubles de la Commune, laissant deux filles (l'une restée célibataire, l'autre devenue Mme Guichard) et un fils, M. Paulin-Charles-Emile Richard, né en 1843, décédé en décembre 1890. A sa mort ce dernier occupait depuis quelques mois le fauteuil de Président du Conseil municipal de Paris.

Nous ne saurions mieux faire que de nous arrêter, dans la ligne de descendance, au nom de cet arrière-petit-fils du compatriote dont nous avons essayé de reconstituer l'existence : Edme Quenedey, des Riceys, portraitiste au physionotrace, l'un des deux ou trois « photographes de la Révolution et de l'Empire », auxquels nous sommes redevables de pouvoir encadrer au milieu de leurs écrits ou dans le récit de leurs actions les traits reproduits d'après nature, les « vraies figures » de nombreux personnages qui appartiennent ou qui se rattachent à l'histoire de cette époque.

⁂

Après avoir fait connaître tout ce qu'il nous a été possible de réunir et de savoir sur la vie de Quenedey et sur celle des membres de sa propre famille, une analyse de son œuvre envisagée au point de vue documentaire plus encore qu'au point de vue artistique nous reste à présenter.

Elle fera l'objet de la seconde partie du présent travail.

A titre d'indication préalable, disons seulement qu'en additionnant tous les portraits de Quenedey contenus dans les vingt-huit albums de la collection de la Bibliothèque Nationale, avec

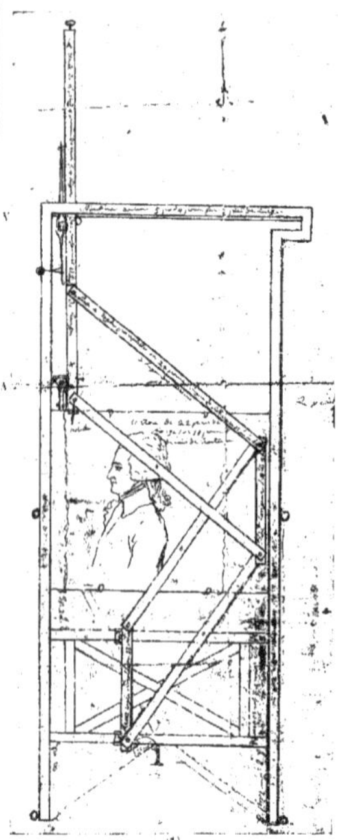

(1)

Autour du médaillon, en haut :

« *C. L. Chrétien, musicien du Roy, inventeur du Physionotrace et graveur en 1787* »

En bas :

« *Dess. p. Fouquet gr. p. Chrétien en 1792 à Paris* »

(2)

Semet-ipsum delineavit et sculpsit Quenedey

(3)

(4)

LÉGENDE :

1. *L'appareil du Physionotrace*; plan dessiné, coté et annoté par Quenedey. (*Bibl. Nat.* Sur l'original on voit de plus, à droite de l'instrument, trois petits croquis de son « visier » V et d'un accessoire A non reproduits ici).
2. CHRÉTIEN (Gilles-Louis), inventeur du Physionotrace ; portrait dessiné par Fouquet, gravé par lui-même (*Bibl. d'Art et d'Arch*).
3. QUENEDEY (Edme), vulgarisateur du Physionotrace : portrait dessiné et gravé par lui-même (*Coll. de l'auteur*).
4. Portrait-charge de l'abbé MAYDIEU, chanoine de Troyes, par Quenedey (1787). Voy. à l'Appendice § II, le texte de l'inscription (*Bibl. de Troyes*).

Planche II.

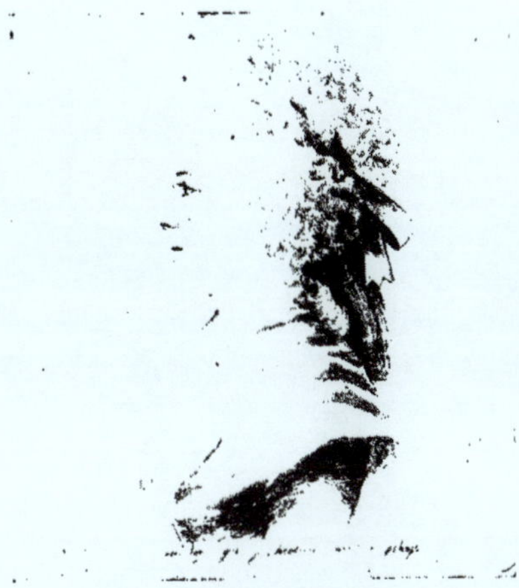

Sous le portrait :

« F. 53. Dess. p. Quenedey, gr. p. Chrétien inv. du phys. »

(5)

LÉGENDE :

1. Les abords du Palais-Royal (Extrait de *Paris de 1789 à 1798,* d'après la réduction du Plan de P. Verniquet. *Musée Carnavalet : Estampes :* Atlas des anciens plans de Paris).

2. Billet de séance retenue chez Quenedey, 1788 *(Coll. Mas).*

3. Portrait a la Silhouette de la fin du dix-huitième siècle *(Coll. de l'auteur).*

4 et 5. Spécimens des premiers physionotraces dessinés par Quenedey, gravés par Chrétien, 1789 *(Coll. de l'auteur).*

PLANCHE II.

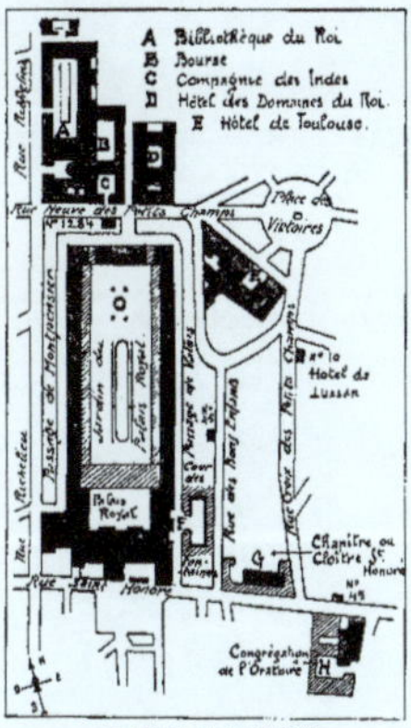

LES ABORDS DU PALAIS ROYAL

(1)

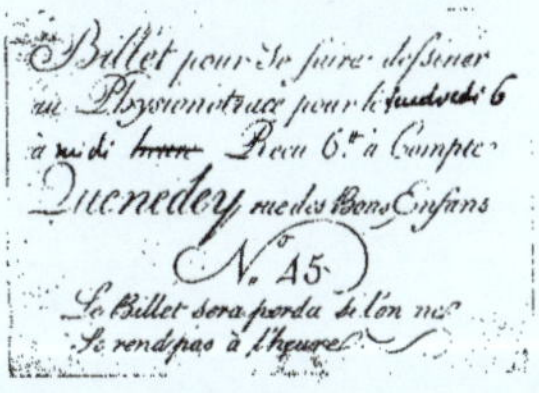

(2)

PORTRAIT A LA SILHOUETTE

(3)

Sous le portrait :

« A 10. Dess. p. Q. av. le phy. inv. p. Ch. »

(4)

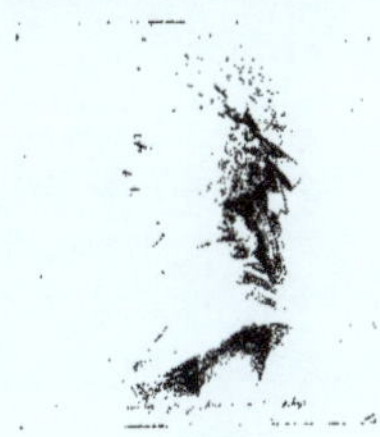

Sous le portrait :

« F. 53. Dess. p. Quenedey, gr. p. Chrétien inv. du phys. »

(5)

LÉGENDE :

1. LES ABORDS DU PALAIS-ROYAL (Extrait de *Paris de 1789 à 1798*, d'après la réduction du Plan de P. Verniquet. *Musée Carnavalet ; Estampes :* Atlas des anciens plans de Paris).

2. BILLET DE SÉANCE RETENUE CHEZ QUENEDEY, 1788 *(Coll. Mas)*.

3. PORTRAIT A LA SILHOUETTE de la fin du dix-huitième siècle *(Coll. de l'auteur)*.

4 et 5. SPÉCIMENS DES PREMIERS PHYSIONOTRACES DESSINÉS PAR QUENEDEY, GRAVÉS PAR CHRÉTIEN, 1789 *(Coll. de l'auteur)*.

PLANCHE III

Sous le médaillon horizontalement :

« *Dess. au Physionotrace et Gravé par Quenedey. rue neuve des-petits-champs n° 1281 à Paris* ».

(5)

LÉGENDE :

Quelques spécimens de Physionotraces dessinés et gravés par QUENEDEY, de diverses époques :

1 et 2........ vers 1790 (*Coll. de l'auteur*)

3.............. vers 1810 (*Ibid.*)

4.................... 1813 (*Ibid.*)

5.............. vers 1803. Médaillon à double portrait (forme rare), qui représenterait Quenedey et sa femme. (*Bibl. Nat.*).

Sous le médaillon :

« K 99. Dess. et gravé avec le Physionotrace par Quenedey rue Croix des petits Champs n° 10 à Paris ».

(1)

Sous le médaillon :

« Dess. au Physionotrace et Gravé par Quenedey, rue neuve des-petits-champs n° 15 à Paris ».

(3)

Sous le médaillon horizontalement :

« Dess. au Physionotrace et Gravé par Quenedey, rue neuve des-petits-champs n° 1281 à Paris ».

(5)

Sous le médaillon :

« L. 87. Dess. et Gravé avec le Physionotrace par Quenedey rue croix des petits champs n° 10 à Paris ».

(2)

Tout en bas de l'estampe horizontalement on lit cette mention non reproduite :

« Dess. au Physionotrace et Gravé par Quenedey, rue neuve des-petits-champs n° 15 à Paris. 1813 ».

(4)

LÉGENDE :

Quelques spécimens de Physionotraces dessinés et gravés par QUENEDEY, de diverses époques :

1 et 2. . . . . . . vers 1790 (*Coll. de l'auteur*)
3. . . . . vers 1810 (*Ibid.*)
4. . . . . 1813 (*Ibid.*)
5. . . . . vers 1800. Médaillon à double portrait (forme rare), qui représenterait Quenedey et sa femme. (*Bibl. Nat.*).

PLANCHE IV

Sous le portrait, horizontalement :

« Matris suæ effigiem ad vivum delineavit et fratibus suis dicavit Quenedey. anno 1818 »

(5)

LÉGENDE :

I

Physionotraces de divers portraitistes *(Coll. de l'auteur)* :

1. Dessiné par FOUQUET, gravé par CHRÉTIEN.
2. Dessiné par FOURNIER, gravé par CHRÉTIEN.
3. Dessiné et gravé par CHRÉTIEN seul.
4. Dessiné et gravé par BOUCHARDY.

II

Portrait au crayon lithographique :

5. Françoise PISSIER (1731-1822), des Riceys, femme d'Etienne Quenedey, mère d'Edme Quenedey, âgée de 87 ans et coiffée du bonnet riceton. *(Portrait dessiné par Ed. Quenedey, en 1818 et reproduit d'après l'exemplaire possédé par l'un des arrière-petits fils de Françoise Pissier, grâce à la très obligeante autorisation de ce dernier).*

Planche IV

Autour du médaillon, en haut :

« *Jean de Brie Député du Département de l'Aisne à la législature en 1791* »

En bas :

« *Dess. p. Fouquet gr. p. Chrétien Inv. du physionotrace Cloitre St honoré à Paris* »

(1)

Sous le médaillon

« *Dess. et gr. p. Chrétien inv. du Physionotrace rue St honoré en face l'oratoire n° 45 à Paris* »

(3)

Sous le portrait, horizontalement :

« *Matris suae effigiem ad vivum delineavit et fratibus suis dicavit Quenedey, anno 1818* »

(5)

Sous le médaillon :

« *Dess. p. Fournier gr. p. Chrétien inv. du physionotrace rüe St honoré vis à vis l'oratoire Nos 45 et 133 à Paris* »

(2)

Sous le médaillon

« *Dess. et gr. par Bouchardy Succr de Chrétien inv. du physionotrace rue neuve des petits champs no 33 à Paris* »

(4)

LÉGENDE :

I

Physionotraces de divers portraitistes *(Coll. de l'auteur)* :

1. Dessiné par Fouquet, gravé par Chrétien.
2. Dessiné par Fournier, gravé par Chrétien.
3. Dessiné et gravé par Chrétien seul.
4. Dessiné et gravé par Bouchardy.

II

Portrait au crayon lithographique :

5. Françoise Pissier (1731-1822), des Riceys, femme d'Etienne Quenedey, mère d'Edme Quenedey, âgée de 87 ans et coiffée du bonnet riceton. *(Portrait dessiné par Ed. Quenedey, en 1818 et reproduit d'après l'exemplaire possédé par l'un des arrière-petits fils de Françoise Pissier, grâce à la très obligeante autorisation de ce dernier).*

ceux de la collection du Musée Carnavalet, de la collection de la Bibliothèque d'art et d'archéologie et d'une dizaine de collections particulières importantes, obligeamment offertes à notre curiosité, c'est bien plus de cinq mille estampes de sa confection — souvent plusieurs fois du même portrait sans doute, mais souvent aussi, dans ce cas, différentes par quelque détail — qui nous sont passées sous les yeux et dont nous avons scruté la lettre à la loupe pour en extraire tous les renseignements utiles et en noter les variantes.

Nous ne mettrons pas en ligne de compte les portraits similaires de Chrétien, de Bouchardy, de Saint-Mémin et d'autres artistes, également vus par nous en très grand nombre.

Telle est l'importante documentation sur laquelle s'appuiera notre étude de l'œuvre de Quenedey, dont les développements viendront un peu plus loin, à la suite de l'*Appendice*, des *Addenda* et de l'indication des *Sources* se rapportant à la partie biographique qui précède.

APPENDICE

DE LA PARTIE BIOGRAPHIQUE

§ Ier

Les frères et les sœurs de Quenedey le portraitiste

Edme Quenedey, né en 1756, était — avons-nous dit au début de sa biographie — l'aîné des huit enfants d'Etienne Quenedey et de Françoise Pissier. Ses frères et sœurs furent dans l'ordre chronologique :

1. Suzanne-Françoise, née en 1759 ;
2. Edme-Vincent-Simon, né en 1760 ;
3. Marie-Louise, dite Catherine, née en 1762 ;
4. Edme-Etienne, né en 1765 ;
5. Edmée-Françoise, née en 1767 ;
6. Nicolas, né en 1770 ;
7. Edme-Vincent-Simon (filleul du n° 2), né en 1775 ;

tous sept baptisés comme lui à Ricey-haut.

Des trois filles, la seconde, *Marie-Louise-Catherine,* fut la seule croyons-nous, qui se maria ; elle resta toute sa vie dans son pays natal, où elle devint la femme de Jean-Jacques Buot, entrepreneur de travaux de maçonnerie. Ce dernier, sous le Directoire, alors qu'il n'y avait plus de maire à la tête de chaque commune, fut pendant quelque temps « président de l'administration municipale du canton des Riceys », canton qui ne comprenait que Les Riceys et Balnot-sur-Laignes.

Edmée-Françoise, la cadette, filleule du portraitiste, passa en Angleterre en 1811 ; nous ne savons si elle revint jamais en France. C'est à Londres, « chez M. Drurmmond Burrel, Esqr, Terrace Piccadilly », qu'Aglaé Quenedey lui écrivait en septembre 1813 : «... Je crains, ma chère tante, que vous n'ayez pour « ainsi dire pris racine où vous êtes et que, si bien accoutumée « aux nuages de votre séjour actuel, vous n'ayez presque oublié « le soleil de votre pays ; il est vrai qu'il n'est guère brillant « cette année et que le raisin s'en ressent bien ; aussi adieu les « vendanges et le bon vin... »

La récolte de 1813 fut, en effet, aussi mauvaise aux Riceys qu'avait été excellente celle de 1811, qui donna des vins d'un long souvenir, dits *de la Comète* (Guenin et Ray : *Statistique*).

C'est également à Edmée-Françoise que, par la même occasion, son propre frère disait de leur autre sœur *Suzanne-Françoise*, l'aînée : « Elle doit toujours faire un voyage chez ma mère « [c'est-à-dire aux Riceys], mais toujours empêchée par ses « affaires, voilà deux ans qu'elle remet... ». La suite de la lettre ne fournissant pas d'autres clartés, la résidence et la situation de Suzanne-Françoise Quenedey nous sont restées inconnues.

Du côté des hommes : *Edme-Etienne,* d'après une tradition de famille, serait mort à Saint-Domingue, où probablement il avait suivi le colonel Gougeot (des Riceys aussi) qui périt là-bas en 1802 dans un des sanglants combats livrés aux nègres insurgés par le corps expéditionnaire du général Leclerc ; à moins que parti pour cette lointaine colonie afin d'y tenter la fortune dans les plantations de café, il n'y eût été victime du soulèvement et des massacres de 1804 qui coûtèrent la vie à tous les Français demeurés dans l'île.

Edme-Vincent-Simon [minor] (le second des deux frères qui portaient ces mêmes prénoms, en somme le plus jeune de toute la liste), entré au service en frimaire an X (novembre 1801), au moment où son frère le portraitiste, revenu du voyage à l'étranger que l'on connaît, se réinstallait dans Paris, fut « tué d'un « coup de balle à l'estomac, à l'affaire qui eut lieu sur les bords « de la Beauté (Italie), dans la matinée du 13 brumaire an XIV « (4 novembre 1805) ». Il appartenait alors à la compagnie de voltigeurs du 4e bataillon du 23e régiment d'infanterie de ligne. Nous savons ces détails par son acte de décès, dressé un mois plus tard à Adelberg en Carniole, pendant cette poussée générale de nos armées sur Vienne, dont les soldats de Napoléon disaient : « L'empereur ne fait plus la guerre avec nos bras, mais avec nos jambes ».

Restent le premier Edme-Vincent-Simon, parrain du précédent, et Nicolas Quenedey.

En 1780, à l'âge de dix-neuf ans, *Edme-Vincent-Simon* [major] était venu à Paris où, pendant une vingtaine d'années au moins, il s'intéressa au commerce de dentelles et de linon. Ses affaires l'obligeant de temps à autre à des voyages en Suisse, c'est au retour de l'un d'eux que lui arriva, en frimaire an XI (décembre 1797), la mésaventure relatée ci-après (§ IV) et déjà signalée, d'être pris pour un émigré rentré : mésaventure dont il put sortir sans encombre et sans attirer l'attention sur le cas de son frère en fait expatrié. Il habitait alors rue et maison de la Jussienne. Sous la Restauration nous le retrouvons, rue du Cherche-Midi, s'occupant de contentieux commercial. Un passeport de 1827 le qualifie « propriétaire et agent d'affaires ». Il n'eut que des filles, dont une mariée aux Riceys, Mme Grados, près de laquelle — étant veuf — il vint achever ses jours. En décembre 1839, dans sa 80e année, la mort l'enleva chez son gendre. On peut voir encore sa pierre tombale en marbre blanc dressée à l'extérieur contre un mur de l'église de Ricey-haut (1).

Nicolas, le dernier dont nous ayons à parler, est le seul frère d'Edme qui (comme leur sœur Marie-Louise-Catherine) n'ait pas quitté les Riceys et s'y soit marié. Propriétaire-vigneron, négociant en vins, il avait épousé en nivôse an VII (janvier 1799) Nicole Brigandat. Il mourut en 1826 ; sa femme en 1837. Au cimetière de Ricey-haute-rive, sur la large dalle qui marque leur sépulture et celle de plusieurs de leurs descendants sont gravées, à côté de leurs propres noms, les indications personnelles à chacun de ceux-ci.

Nicolas est la souche des derniers représentants vivants du nom de Quenedey apparentés avec le portraitiste Edme Quenedey, par Etienne Quenedey, époux de Françoise Pissier, mariés le 10 février 1755 en l'église Saint-Vincent de Ricey-haut, leurs auteurs communs.

§ II

Lettre de Quenedey au baron de Joursanvault

Les autographes de Quenedey sont fort rares. M. Noël Charavay, dont les *Bulletins* n'ont jamais annoncé de lui qu'un seul billet de peu d'importance documentaire (2), a bien voulu nous le confirmer. La lettre suivante, datant de ses débuts comme peintre, présente d'autant plus d'intérêt. En voici la copie :

---

(1) Ses autres filles devinrent l'une Mme Desprez, l'autre Mme Falempin.

(2) *Bulletin* 301, janv. 1900, n° 45.149, lettre à un lithographe, de février 1829, faisant allusion à la médaille qu'il avait obtenue pour ses découvertes de pierres lithographiques dans l'Aube (1 p. in-8°).

« Monsieur,

« J'ai l'honneur de vous renvoyer votre petit tableau par la diligence prochaine. Je n'ai pas cru devoir le relever de dessus toile attendu qu'il n'était point du tout écaillé ; je l'ai seulement remis sur une seconde toile et il est parfaitement uni. Je vous l'aurais renvoyé plutôt si je n'eusse fait un voyage de quinze jours depuis que je suis de retour dans mon païs ; ce qui m'a empêché de le raccommoder aussi tôt que je l'aurais désiré.

« Je pars après demain pour Troyes. Si vous avez le dessein de m'envoyer de vos écussons, je suis logé chez M. Pissier, Maître en chirurgie et acoucheur Rue du Bois à Troyes. [*M. Pissier, on le sait, était son oncle*]

« Quant au prix convenu du tableau, je vous prie, Monsieur, de le faire passer au sieur Jeandeau, chez M. Pérille, place St-Etienne à Dijon, attendu que je l'ai prié de m'envoyer quelques bosses (*a*) pour travailler pendant mon séjour à Troyes. J'y suis déjà allé et j'y ai vu des tableaux superbes, entre autres choses des Grimoux ; un tableau d'une décolation de Saint Jean-Baptiste qui fait un effet admirable ; le coloris en est des plus séduisants ; on ne sait de qui il est, mais il est très grand. Un autre petit tableau supérieurement colorié mais dessiné lourdement ; il est peint sur rosette (*b*). Deux tableaux de desordre signés par J. D. L. Motte, 1677 ; cela est supérieurement fait (*c*). Les tableaux dans ce païs là sont à meilleur marché qu'une aulne de drap et les arts y sont très méprisés et les marchands très respectés (*d*).

« Je vous prie, Monsieur, de me faire l'honneur de m'écrire si vous êtes content de votre tableau. Si les endroits retouchés parraissaient embus (*e*), vous les ferez frotter d'huile de noix une ou deux fois et cela ne paraitra plus.

« J'ai l'honneur d'être avec respect, Monsieur, votre très humble et très obéissant serviteur.

« A Ricey-le-haut ce 5 novembre 1780. QUENEDEY. »

(3 pages in-4° — *Bibliothèque de Troyes.* Recueil de lettres originales... relatives à l'histoire de Troyes et de la Champagne méridionale, I. *Manuscrits, n° 2764.*)

(*a*) Figures moulées pour s'exercer à dessiner d'après nature.

(*b*) Cuivre raffiné.

(*c*) Par « tableaux de désordre » on entendait des toiles qui, sur un fond simulant le bois de chêne ou de sapin, représentaient des livres, des papiers, des instruments, etc. : genre dans lequel un peintre flamand (J. D. Lamotte) a le premier travaillé vers la fin du XVIIe siècle.

(*d*) De toute évidence, Quenedey avait gardé ces souvenirs d'une visite au *Cabinet de tableaux de M. Baudemant, peintre et professeur de l'Ecole gratuite de Dessin,* décrit un peu plus tard dans l'*Almanach... de Troyes pour l'an 1782* (p. 202 et suiv.).

(*e*) Ternes, noirâtres.

Ajoutons un mot sur le destinataire de cette lettre, dont nous avons dit qu'il avait protégé les débuts du « Corrège français », de Pierre-Paul Prud'hon, venu à Paris en cette même année 1780, à l'âge de 22 ans, avec l'espoir d'y gagner sa vie et surtout pour y poursuivre ses études : (J.-B. A. G.) Gaignarre, baron de Joursanvault, habitant de Beaune, et non de Dijon, comme l'indiquent maints dictionnaires.

Le baron de Joursanvault, « généalogiste et diplomatiste distingué avait rassemblé, dès avant 1789 (*dans son hôtel de la rue Saint-Martin, à Beaune*) nombre de chartes, de manuscrits et d'ouvrages spéciaux sur l'histoire du duché de Bourgogne et son cabinet renfermait les titres les plus intéressants non seulement pour l'histoire des familles de cette province, mais pour celle de toute la noblesse de France. La révolution lui fournit les moyens d'accroître considérablement son trésor historique. Il parcourut la France, achetant ou faisant acheter de tous côtés les archives dispersées des monastères et tout ce qu'il put recueillir des dépôts publics mis au pillage... A sa mort sa collection se trouvait encore dans une grande confusion... » (Avertissement du *Catalogue analytique des Archives de M. le Baron de J...* Paris, 1838, 2 vol. in-8) [*Revoir page* 12].

§ III

Epigramme contre l'abbé Maydieu Chanoine de l'Église de Troyes en Champagne Editeur et continuateur d'une « Vie de M. Grosley, écrite en partie par lui-même » (1787).

Les lecteurs du *Journal de Troyes et de la Champagne méridionale*, dirigé par le docteur E. T. Simon, trouvèrent dans le N° du 1er août 1787 cette épigramme que beaucoup de Troyens connaissaient déjà par la distribution sous le manteau d'un portrait-charge du chanoine par Quenedey (Pl. III, 4), au-dessous duquel elle avait été gravée en ces termes :

On dit qu'un auteur très connu
Dans un écrit voulant se peindre à nu,
Fit sur sa vie un ample commentaire.
Certain grimaud, pour sortir du bourbier,
De ce beau nom prétendit s'étayer.
Il écrivit ; un sot peut-il se taire ?

Il gâta tout comme c'est l'ordinaire.
On s'en plaignit : Bon, répondit quelqu'un,
Chaque jour sous nos yeux pareille chose arrive,
Ne voit-on pas un insecte importun
Ronger nos fleurs ? Il faut que chacun vive.

Prix d'amplification pour le Collège de Troyes pour l'année 1787.

Pensant que l'auteur de la pièce était un neveu de Grosley, qui se piquait de littérature et lui fournissait de temps à autre de la copie en vers ou en prose, le publiciste Simon, dans son *Journal,* remplaça la phrase : « Prix d'amplification etc...» par la signature « G****** », dont les six étoiles démasquaient d'autant plus la signification qu'il avait en outre modifié légèrement le premier vers, en y mettant : « On dit qu'un *savant* très connu... ».

S'il n'avait pas composé l'épigramme, « Grosley neveu » en avait du moins inspiré la malice (1). En fait, elle était d'un de ses amis (F. Marchant, poète et journaliste médiocre demeuré à peu près inconnu) qui, comme lui, comme Quenedey et comme l'abbé Maydieu par occasion, fréquentait à l'hôtel Villayer (rue Saint-André-des-Arts, au N° 47 d'aujourd'hui) le « Salon de la correspondance », fondé en 1778 par Pahin de la Blancherie (que Mme Roland avait failli épouser), dont la vogue dura jusqu'à la Révolution.

Il s'y tenait des expositions de peinture où Quenedey put coudoyer son futur concurrent, le peintre-dessinateur Jean Fouquet, que Chrétien devait s'attacher à partir de 1789, car la chronique du temps fait mention d'un petit tableau d'une intéressante composition : *Femmes qui boivent,* envoyé par lui à ce Salon dès 1781.

L'estampe de Quenedey qui répandit avant le *Journal de Troyes* l'épigramme rapportée plus haut, est postérieure. Elle remonte au plus tard au mois de juillet 1787 ; c'est pour sa carrière de graveur une date à retenir [*Revoir page* 13].

---

(1) Sur « Grosley neveu », Cf. R. Hennequin : *Choses et gens d'autrefois (1re série).* Troyes, Paton, 1923, in-12 de 110 pp.

§ IV

Edme-Vincent-Simon Quenedey, frère du portraitiste prévenu d'émigration (an VI)

Pour appuyer d'un exemple topique les indications que nous avons données sur les risques qu'on courait à s'éloigner de France plus ou moins clandestinement pendant la période révolutionnaire, relatons ici la mésaventure arrivée à Edme-Vincent-Simon Quenedey, l'un des frères du portraitiste, sur quelque dénonciation, peut-être anonyme, ou sur un simple ragot, d'après les trois pièces de son dossier de police (*Arch. nat.* F7, 3577), en laissant ces documents parler eux-mêmes :

1° « *Note pour l'Inspecteur de police* : Le nommé Quenedey, prévenu d'émigration est, à ce qu'on assure, dans ce moment à Paris, rue et maison de la Jussienne. S'en informer et dans ce cas le faire conduire au Bureau central » — En annotation : « Délivré un mandat d'amener le 15 ».

2° « Paris 17 frimaire an VI (6 décembre 1797). *Les administrateurs du Bureau central du canton de Paris au ministre de la Police générale :* Nous avons fait subir hier et aujourd'hui interrogatoire au citoyen E.V.S. Quenedey, négociant et agent d'affaires, qui a été arrêté et consigné dans notre chambre de dépôt, comme prévenu d'émigration, d'après un mandat d'amener décerné par le juge de paix du canton du Mail et un procès-verbal de perquisition dressé chez lui par le commissaire de police de ladite division.

« Il résulte de cet interrogatoire et des pièces extraites de chez le citoyen Quenedey, que ce citoyen est domicilié à Paris depuis 1780 et qu'il n'y a eu de lacunes dans sa résidence constante à Paris, jusqu'à présent que le temps qu'il a passé dans trois voyages qu'il a fait en Suisse, où il n'a séjourné qu'environ huit jours pour affaires de commerce de dentelles et de linon, et il ne parait avoir fait ces divers voyages que sur des passeports parfaitement en règle et visés des autorités constituées. Il n'a point été porté sur aucune liste d'émigrés d'après la vérification que nous en avons faite et les certificats de non-émigration qui lui ont été délivrés..., dont l'un a été visé à Lauzanne.

« Dans cette position et comme nous ne voyons dans le citoyen Quenedey aucun des symptômes qui caractérisent un émigré et qu'au contraire, il nous parait bien évident qu'il n'a cessé de demeurer depuis 1789 sur le territoire de la République, nous ne voyons pas de raison pour prolonger plus longtemps sa détention... *Les administrateurs du Bureau Central* : Le Tellier — Cousin. »

3° « Du 18 frimaire an VI. *Ordonnance du Juge de paix de la division du Mail, officier de police judiciaire de la commune de*

Paris : Vu l'interrogatoire que le citoyen E. V. S. Quenedey... a subi devant les administrateurs du Bureau Central... ; Considérant que ledit Quenedey s'est pleinement justifié de la prévention d'émigration existante contre lui... l'avons, aux termes de l'article 66 du Code des délits et des peines, mis en liberté et ordonnons la levée des scellés apposés chez lui — Hanoteau, j. d. p. ».

Ouf ! notre homme était sauvé... et notre portraitiste aussi, grâce certainement à la prudence des réponses du premier et au fait que leur nom peu commun n'était sur aucune liste. Sans quoi, le *Si ce n'est toi, c'est donc ton frère* n'aurait que trop sûrement joué et la police eût bien vite découvert au sujet de ce frère « quelqu'un des symptômes qui caractérisaient un émigré » ; alors le compte de celui-ci devenait bon pour la prochaine liste supplémentaire, avec toutes les conséquences fâcheuses qu'une telle inscription aurait entraînées pour lui et pour les siens jusqu'aux Riceys.

Heureusement il n'en fut rien. Mais, dira-t-on, le Quenedey du physionotrace, chez qui tant de gens avaient défilé, était-il donc déjà si oublié ? Sa vogue était tombée, nous le savons et c'est pour cela qu'il s'en était allé ; Chrétien et Fouquet l'avaient supplanté dans la faveur publique. D'autre part les magistrats subalternes de la police administrative ou judiciaire du Directoire n'appartenaient pas à la société qui se faisait « portraicturer » dans leurs ateliers. Enfin il y avait près de deux ans qu'il était parti de Paris, où, comme les morts, les absents vont vite [*Revoir page* 30].

§ V

Ce que donnait la « Physionotracie »

Pratiquement, quels résultats matériels *la physionotracie,* si l'on peut forger ce mot, procurait-elle au public ? Expliquons-le en quelques lignes pour compléter nos indications antérieures, un peu trop succinctes sur ce point.

D'une séance de pose dans les ateliers de Quenedey ou de Chrétien, devant *l'objectif* du Physionotrace, (employons ce terme tout en sachant que le viseur de l'appareil ne portait aucun verre d'optique), trois choses revenaient ordinairement au client.

La première était son portrait à peu près de grandeur naturelle, en prototype et au crayon, achevé d'après le croquis fourni par la machine : simple dessin plus ou moins poussé auquel il pouvait s'en tenir.

En second lieu, s'il le désirait — cela devint vite le cas habituel et finalement le « grand dessin », passé au second plan, ne fut plus, semble-t-il, qu'un accessoire livré par surcroît ou même délaissé — le client recevait en outre une plaque de métal (en fer blanc dans les commencements, en cuivre toujours par la suite) sur laquelle avait été gravée une réduction de son portrait au crayon.

Troisièmement enfin, dans le cas précédent, douze épreuves de son portrait en petit, tirées de la planche dont il vient d'être parlé, lui étaient également remises avec celle-ci.

Gardé, non sans quelque soin, ce cliché métallique — ce « négatif », du moins quant à la « lettre » qui s'y trouvait inscrite à l'envers, pour donner au tirage une écriture normale sur une image retournée — ce cliché, disons-nous, devait permettre à son détenteur d'obtenir ultérieurement autant de nouvelles petites estampes semblables aux premières, qu'il lui en faudrait.

De nos jours lorsque l'on possède une planche pour cartes de visite en gravure et que l'on veut se procurer cent ou deux cents de ces cartes d'avance à nouveau, il suffit de porter cette planche soit chez le graveur-imprimeur qui l'a fournie, soit n'importe où chez l'un de ses confrères : on est ainsi rapidement servi sans autre formalité préalable qu'un ordre de commande.

De même en était-il jadis pour les planches de portraits au physionotrace. Tant qu'elles étaient conservées intactes, il pouvait en être tiré des épreuves. Sur cuivre le tirage demeurait satisfaisant jusqu'à 2000 exemplaires, au dire des prospectus ; c'est évidemment bien plus qu'il n'en fallait même pour de larges besoins, peu d'amateurs ayant eu, à l'exemple du bibliophile bourguignon, M. de la Troche, l'idée originale d'utiliser comme ex-libris le portrait qu'ils s'étaient fait faire par Quenedey (1).

---

(1) Cf. *Archives de la Société des collectionneurs d'ex-libris* (n° de juin 1922).

Du vivant de la personne, à sa demande, ou bien encore après sa mort, au désir de quelqu'un de ses proches, des inscriptions supplémentaires : nom de cette personne, âge auquel elle est représentée, fonctions qu'elle occupa, petits vers de dédicace ou de memento, etc., pouvaient être gravées après coup sur le cuivre initial, avec la même facilité qu'on ajoute actuellement une mention d'adresse sur une planche usagée pour cartes de visite.

Cette fourniture d'épreuves multiples et multipliables d'un portrait ramené aux dimensions d'une miniature, dont les reproductions identiques servaient à consacrer et à répandre des souvenirs d'affections intimes, fut, non moins que la ressemblance garantie, l'un des facteurs principaux du succès de la *physionotracie* : succès que celui de la *photographie* a seul dépassé depuis que celle-ci est venue prendre dans le genre du portrait l'ancienne place de celle-là (1).

---

(1) Quelques précieuses collections particulières (celle de M. le comte de Laborde entre autres) possèdent de rares exemplaires des « grands portraits » au crayon. Le Cabinet des estampes de la Bibliothèque nationale, à notre connaissance, n'en conserve qu'un seul : celui du littérateur Chiniac de la Bastide par Quenedey des dimensions suivantes : H. 0,48 — L. 0,36 (H. Bouchot, p. 226 ; Ne, *Vol.* 30).

Ce Cabinet s'est d'autre part enrichi, en 1921, d'une dizaine de cuivres originaux des petits portraits de Chrétien. Divers collectionneurs possèdent également certains cuivres sortis des ateliers de Quenedey ou de Chrétien, mais le plus souvent à l'état isolé. On peut encore obtenir de ces vieux clichés des épreuves modernes ; nous en avons vu quelques unes de cette sorte parfaitement venues, au Musée Carnavalet notamment.

ADDENDA

DE LA PARTIE BIOGRAPHIQUE

A1, *page* 15, *note* 1 *in fine*.

Sur le mot « Silhouette » — Outre le dessin donné par le visage en ombre portée, ce mot sert à désigner par extension toute figure nettement posée de profil, comme le sont en général celles des portraits au physionotrace. Contons donc brièvement l'histoire de sa naissance.

Nommé, en 1759, contrôleur général, autrement dit : ministre des Finances à un moment où celles-ci étaient si mal en point que la France courait à la faillite, M. de Silhouette établit, non sans difficultés, certaines taxes qui, ramenant un peu de numéraire dans les caisses publiques, le rendirent un instant très populaire. On voyait en lui « le sauveur ».

Mais le découvert était si considérable qu'il se vit obligé de ralentir certains paiements, voire d'en suspendre quelques autres. L'opinion aussitôt se retourna. On l'appela « le banqueroutier » ; sa popularité s'évanouit.

Alors la malignité du public s'exerça. Une mode nouvelle avait surgi, celle des surtouts étriqués, sans plis et des culottes sans poches : à quoi bon des goussets ? On n'avait plus d'argent à y mettre. Ces vêtements furent surnommés des « habits à la Silhouette ».

De même, d'une fantaisie imaginée on ne sait par qui, dont la foule s'était engouée et qui n'était que l'image d'une ombre, on dit — et l'on a continué de dire — c'est « une Silhouette ». Le brillant contrôleur général de naguère, courageux et instruit, n'était plus en effet que l'ombre de lui-même : ombre qui allait s'évanouir devant la compétence et les lumières de qui, juste ciel ? De l'abbé Terray, de ruineuse mémoire ! (Cf. *Tableau de Paris*, par Mercier et *La « subvention générale » de Silhouette*, art. de M. P. Degouy. [*Revoir page* 15].

A2, *page* 17.

Publication du Physionotrace. — On remarquera que la *lettre de l'abonné* ne porte pas de date, par une habitude des feuilles d'autrefois leur servant à masquer des retards d'impression. Cette lettre qui reçut le 25 juin 1788, dans le *Journal de Paris* (le premier des quotidiens), la large publicité grâce à laquelle on commença à s'intéresser au Physionotrace, avait peut-être été envoyée par Quenedey à ce journal le « 5 mai 1788 », six semaines avant qu'elle parût. Restée dans la mémoire du créateur de l'instrument ou retrouvée par lui sur une copie de l'original de la lettre en question (à la rédaction de laquelle il ne serait pas impossible qu'il eût participé, puisqu'à tout le moins elle fut publiée « de son aveu », dira-t-il lui-même dix-huit mois plus tard, dans une autre lettre au *Journal de Paris* *), cette dernière date expliquerait la mention suivante écrite de la main de Chrétien, qu'on rencontre seulement sur les épreuves du portrait de sa femme et pour l'explication de laquelle nous n'avons pas trouvé d'autre clef : « *En 1793 — L. A. P. Dess* (iné) *p* (ar) *Fouquet. Gr* (avé) *p* (ar) *son mari inv* (enteur) *du physionotrace publié à Paris le 5 mai 1788* ». [Revoir page 17].

(*) Voy. cette lettre du 24 décembre 1789 (premier alinéa), à la page 22.

A3, *page* 21.

Les Dames Artistes à l'Assemblée nationale.— Il existe de leur arrivée à la séance du 7 septembre 1789, une estampe dessinée par PRIEUR, gravée par DUPLESSI-BERTAUX. On connait aussi leurs noms par le procès-verbal : Mmes Moitte, présidente de la délégation ; Vien, Lagrenée (la jeune), Suvée, Fragonard, David, Vernet (la jeune), etc... En est-il dans le nombre qui se rendirent chez Quenedey, comme l'idée leur en avait été suggérée par un représentant ? Peut-être ; mais parmi les physionotraces identifiés de cette époque aucun ne s'applique à l'une d'elles. Le vœu du galant député ne paraît pas avoir eu sur l'heure beaucoup de succès près des intéressées.

[*Revoir page* 21 *au début du nouveau* § : Si l'on s'en tenait, etc.].

A4, *page* 22.

Billets de séance retenue chez Chrétien et Fouquet. — De ces billets M. VIVAREZ a publié (en 1906 et en 1910 dans *Le Vieux Papier*) deux types un peu différents, l'un de mai 1792, l'autre postérieur à cette date de deux ans au moins, car il porte la mention d'un mois du calendrier républicain (*20 pluviôse*), mais de bien davantage probablement d'après l'adresse qu'il indique. Ces billets sont plus explicites que celui de Quenedey, du moins que celui que nous connaissons (Pl. II, 2), lequel fut du premier modèle distribué par lui. Ils donnent le prix-courant des « différentes manières d'avoir son portrait » chez ses concurrents.

Le billet de 1792 mentionne inélégamment que si des arrhes sont demandées, c'est « *afin que l'Artiste puisse éviter les personnes qui seraient dans le cas de lui faire perdre son tems* ». Il ne précise cependant pas comme le suivant, d'où cette impertinence a disparu, ni comme de prime abord celui de Quenedey, que ces arches seront perdues faute de se présenter à l'heure. Le système devait avoir du bon, puisque Chrétien y vint à son tour par la suite.

[*Revoir page* 23, *en haut :* L'absence de renseignements, etc...].

A5, *page* 29.

Chrétien trois fois reconnu par Quenedey comme étant l'inventeur du Physionotrace. — Voir à ce sujet la série des lettres de Quenedey au *Journal de Paris* en 1788, dans lesquelles il est question « de l'heureuse invention que nous devons à un musicien de la Chapelle » (n° du 25 juin ; *supra*, p. 16 *in fine*) — « du Physionotrace de l'invention de M. Chrétien » (n° du 21 Juillet ; *supra*, p. 17 *in fine*) — enfin « de l'instrument dont M. Chrétien est l'inventeur et dont je suis seul possesseur », est-il dit dans une troisième lettre publiée dans le n° du 6 novembre et reproduite par M. Vivarez dans son étude de 1906 sur *Le Physionotrace*. Au quatrième alinéa de cette lettre on lit, il est vrai : « Je prie les personnes qui veulent avoir « leur portrait d'après *mon* instrument de se transporter au Palais « Royal... » ; mais ce pronom possessif répond à la déclaration du commencement ; il veut seulement dire : « d'après l'instrument que j'emploie ». Et ce membre de phrase est tout ce que nous avons trouvé qu'on puisse interpréter — à tort, en le détachant du reste de la lettre — contre Quenedey, relativement à l'invention du Physionotrace. [*Revoir page* 29].

A6, *page* 32.

Le dernier domicile de Quenedey. — En fait à présent, dans la rue des Petits-Champs, devant la façade de la Bibliothèque Nationale bordée par cette rue, le n° 25 est à l'angle de la rue Richelieu et le n° 11 à l'angle de la rue Vivienne. Le n° 15 actuel (un restaurant qui fut probablement celui de Sibille et Archambault) se trouve en face de la grille à gauche du portail. Les huit immeubles édifiés là côte à côte sous tous différents de hauteur et de construction. Le « N° 19 », massif et ornementé s'y voit encore tel qu'il dut être posé au commencement du premier empire sur la maison. Si le n° 13 (plutôt que le n° 15) ne marque pas celle où Quenedey et les siens vécurent réellement, il n'en situe pas moins très approximativement la place ; une boutique de graveur d'enseignes artistiques occupe actuellement le rez-de-chaussée de l'immeuble.

[*Revoir page* 32].

A7, *page* 32.

Les ateliers de Chrétien. — De 1789 à 1802 environ, tout en conservant rue Saint-Honoré la demeure qu'il devait habiter jusqu'à sa mort, Chrétien eut en divers endroits, surtout pour ses collaborateurs (Fouquet et Fournier), un atelier ou un magasin indépendant de son domicile, dont les adresses successives, toutes voisines les unes des autres, furent : *Cloître Saint-Honoré* pour commencer, *Cour* puis *Passage Saint-Honoré* (ou inversement peut-être), enfin *rue Saint-Honoré n° 133,* « entre Berté orfèvre-bijoutier et Longory marchand de toiles et indiennes ». Ce dernier magasin parait avoir été abandonné par lui à partir du moment où il travailla seul ; il ne le possédait plus sous l'Empire quand, revenant à sa première profession, il se remit à faire surtout de la musique.

[*Revoir page* 32].

A8, *page* 36, *note* 1 *in fine.*

A propos de Bouchardy. — « Le Conservatoire (des arts et métiers) — dit le *Moniteur* du 9 septembre 1812 — est redevable *à l'un de nos peintres les plus distingués* d'un physionotrace... qui se fait remarquer etc... ». Divers indices, celui de la proximité du décès de Chrétien notamment, nous ont conduit à penser que ce dépôt officiel devait être dû à l'artiste qui se donnait publiquement comme son successeur, c'est-à-dire par Bouchardy.

Ce n'est, à la vérité, qu'une supposition, mais elle a quelque chance d'être exacte.

En faisant la part du compliment que la civilité impose envers un donateur, il n'en subsiste pas moins que le dépositaire fut un peintre jouissant déjà de quelque notoriété.

Parmi ceux qui ont porté le nom de Bouchardy, les *Dictionnaires* spéciaux de Bellier de la Chavignerie et de Bénézit ne mentionnent qu'Etienne, né en 1797, âgé de 13 ans et demi quand Chrétien mourut au début de 1811 et entré à l'Ecole des Beaux-Arts en 1814 seulement : trop jeune en conséquence pour que nous puissions adopter à son sujet l'opinion de M. Alfred Bégis, qui, dans *l'Intermédiaire des Chercheurs* (n° du 20 juin 1892), vit en lui le successeur immédiat de Chrétien.

Plus encore qu'Etienne (1797-1850), son homonyme, son frère cadet peut-être, Joseph Bouchardy, doit être écarté de la discussion. Après avoir été l'un des meilleurs élèves de l'admirable graveur anglais Reynolds, ce dernier débuta au théâtre vers 1836 et jouit jusque vers 1860 d'une certaine célébrité comme auteur de drames à ficelles et de vaudevilles à tiroirs. Il mourut en 1870, âgé de soixante ans ; c'est dire qu'il était né en 1810 et par conséquent qu'il était encore au berceau à la mort de Chrétien.

Resterait Bouchardy (le père) signalé par le *Dictionnaire des peintres* de Siret comme florissant à Lyon en 1819. Fut-il celui que nous cherchons ? On l'ignorera tant qu'il n'aura pas trouvé son biographe.

Le Bouchardy qu'il s'agit de découvrir est en tous cas celui sur les indications duquel fut rédigé l'article relatif au Physionotrace, dans le *Dictionnaire technologique* (XVI, p. 137-146) et probablement aussi la notice anonyme de la *Biographie universelle* de Michaud (VIII, p. 454 ; 1813) concernant Chrétien, où se trouve la phrase sur laquelle repose le grief que l'on a fait encore de nos jours à Quenedey de lui avoir « faussement contesté son invention ».

Or cette phrase ne se rencontre plus dans la *Galerie historique des Contemporains,* sorte de réédition expurgée de la « Biographie Michaud » faite sous la Restauration. Dans cette *Galerie,* au nom de Chrétien (III, p. 386 ; 1818), le physionotrace « de son invention », dont il n'avait rien été dit de plus dans la *Biographie,* est présenté comme un « instrument qui reproduit les profils avec une régularité « d'autant plus parfaite qu'elle est assujettie à des lois mécani- « ques » : ce qui, compte tenu de la suppression de la phrase tendancieuse antérieure, a tout l'air d'une rectification obtenue par Quenedey et d'une réclame pour lui-même, qui allait être bientôt, qui peut-être était déjà le seul portraitiste usant encore à Paris de cet appareil.

A propos d'Etienne Bouchardy dont nous avons parlé plus haut, M. Alfred Bégis déjà cité ajoute qu'en 1830, ce peintre se serait qualifié « successeur de Chrétien *et de Quenedey* pour l'exploitation du procédé du physionotrace ». Sans nous inscrire en faux contre cette assertion devenue chronologiquement acceptable, mais dont nous n'avons pas rencontré la preuve, nous ne voyons guère quel intérêt Bouchardy aurait pu avoir à prendre un tel titre, alors que l'appareil en question était aussi abandonné que ses anciens produits étaient passés de mode.

[*Revoir p.* 36, *au début du nouveau* § : Durant la période de sa vie, etc.].

A9, *page* 38.

Papier-glace et Pains à cacheter. — Lettre autographe. — Nous n'avons pu retrouver l'Instruction pour l'emploi de son « papier-glace » que Quenedey fit paraître en 1815, d'après *la Curiosité universelle* (n° 283, du 20 juin 1892).

Quant à la lettre close d'un de ses pains à cacheter (*Bibl. Nat.* FR. *Nouv. Acq.* 2774), lettre adressée « à M. Marron, président du consistoire protestant, passage du Vigan » (à Paris), Quenedey rhumatisant y dit seulement ceci :

« *Monsieur,*

Ne pouvant encore marcher, surtout par temps humide, je vous envoie une épreuve du portrait de M. Guyot, afin de vous demander si vous en êtes content ? Dans ce cas je ferais imprimer les épreuves et dans le cas contraire j'y retoucherais avant. J'ai l'honneur d'être etc... Paris ce 8 décembre 1827 — QUENEDEY ».

Il existe une estampe de ce portrait ; le nom de M. « *H. D. Guyot* » (pasteur de Groningue) y est accompagné de quatre vers latins et sous l'ovale on lit : « *H. V. Gaspari ad viv. fecit. 1827* », puis au bas : « *Quenedey sculpsit Parisiis* ». Il s'agit donc d'une gravure d'après un tableau. Le Physionotrace n'étant pas mis en cause, des retouches pouvaient être à faire pour la ressemblance. En ce qui concerne la sureté de l'appareil à cet égard, l'honneur est sauf.

[*Revoir page* 38].

A10, *page* 42.

Le « Physionotype » de Sauvage. — Friands de toutes les jolies petites choses du passé, les Goncourt appréciaient « les physionotraces » et prisaient surtout les portraits de femmes de Quenedey et de Chrétien. L'inventeur de l'instrument au moyen duquel ils avaient été esquissés et la nature même de cet appareil ne leur demeuraient pas moins mal connus. Pour eux, à les lire, l'inventeur du Physionotrace était tantôt Quenedey, tantôt Chrétien.

Le mot néanmoins leur est si familier qu'on le trouve à certaine page de leur *Journal* (20 octobre 1862) employé à contresens par confusion avec une autre ingénieuse création due, parmi maintes autres, au malheureux P. L. F. Sauvage (1785-1857), le génial inventeur de l'hélice, mort fou après avoir prophétisé que « la véritable application de celle-ci était dans l'air et non dans l'eau » : création qu'il avait appelée *physionomètre* et qui, plagiée, fut répandue sous le nom de *physionotype*.

Nous en parlons ici parce que les recherches sur la reconstitution du *physionotrace* avaient à tort porté certains esprits à attribuer à ce dernier appareil quelque analogie avec l'instrument de Sauvage, dont on a donné cette définition : « une sorte de daguerréotype de contact, qui prenait en les touchant les empreintes des objets et permettait à la plastique de couler des moules et de faire des reproductions à l'infini ». C'était donc un mécanisme d'ordre supérieur. Le « physionotype » travaillait en géométrie dans l'espace, le « physionotrace » en géométrie plane seulement, comme nous l'avons vu tout au début de cette étude. [*Revoir page* 42].

SOURCES & BIBLIOGRAPHIE

DE LA PARTIE BIOGRAPHIQUE

I. — SOURCES ORIGINALES.

Aux *Archives municipales des Riceys* (*Aube*) : Registres de catholicité des trois paroisses et d'état civil de la commune de 1700 à 1860.

Aux *Archives de la Seine* : Actes reconstitués.

Aux *Archives Nationales* : Dossiers du fonds F7 (Police générale), notamment les n°s 3417, 4242 B (27), 6206 (3139) et 6577 (3088).

Aux *Archives du Conservatoire des arts et métiers*, M 222.

A la *Bibliothèque Nationale* : *Manuscrits* ; *Nouvelles acquisitions françaises*, vol. 2774 (f° 172). *Estampes* ; notes de M. Paulin Richard et pièces annexées, en tête des Albums de Quenedey et de Chrétien, Dc 65 b1 et 65 c.

A la *Bibliothèque de la Ville de Troyes* : *Fonds Millard*, n° 2602 (pièces annexées à un exemplaire de la « Vie de M. Grosley ». *Manuscrits*, n° 2764 (1er carton).

Journaux et revues : *Bibliothèque physico-économique* (1786, 1789 et 1790 ; *Journal de Paris* (1788 et 1789) ; *Mercure de France* (1788) ; *Courrier de Versailles à Paris* (1789 et 1791) ; *Moniteur universel* (1790, 1791 et an III ; 1811 et 1812) ; *La Quotidienne* (28 août 1793) ; *Affiches, Annonces et Avis divers* (an III et an X) ; *Petites affiches*, *L'Observateur*, *Journal de la mode*, passim — *Almanach du Commerce*, par J. de la Tynna (années 1806 et suiv.).

Guides : Watin, *Etat de Paris* (édition de 1789 ; quartier du Louvre, n° 180). Thiéry, *Le voyageur à Paris* (édition de 1790, 2e partie, p. XXVIII). *Coup d'œil sur Paris* (an III). *Paris et ses curiosités* (an X-1804). De Rochegude et Dumolin, *Guide à travers le Vieux Paris.*

Salons : Guiffrey, *Collection des livrets des anciennes expositions de 1673 à 1800* (Réimpression). *Explication des ouvrages de peinture, sculpture, etc... des artistes vivants exposés au Musée Napoléon, le 1er nov. 1812.*

II. — ARTICLES ET OUVRAGES PRINCIPALEMENT EMPLOYES

Dans l'*Intermédiaire des chercheurs et curieux*, année 1892 : *Le catalogue original des portraits au physionotrace de Quenedey* (X...). *L'histoire du physionotrace et de ses inventeurs, Chrétien, Quenedey et sa famille* (de M. Alfred Bégis ; article qui nous a été très précieux). Dans les années antérieures et suivantes, notes diverses concernant le physionotrace, *passim*.

Dans *La Curiosité universelle*, année 1892, nos 267, 283 et 288 ; *Le Physionotrace* (par J. C., dans n° du 20 juin ; excellente notice qui nous a été aussi d'un grand secours).

Dans *Le Vieux Papier*, années 1906, 1910 et 1925 : *Un précurseur de la photographie dans l'art du portrait à bon marché ; le Physionotrace* (par M. Henry Vivarez ; nous avons dit précédemment tout le profit que nous avions retiré de cette remarquable étude, parue en 1906 en fascicule spécial à quelques exemplaires devenus des plus rares). *Silhouettes et Physionotraces* (H. Vivarez ; 1910). *Le Secret du Physionotrace* (de M. G. Cromer ; 1925).

Dans le *Bulletin de la Société de l'histoire de l'Art français*, année 1908 : *Notice sur G. L. Chrétien, inventeur du physionotrace* (par M. Paul Fromageot). *Le Physionotrace de Quénedey* (par M. François Courboin).

Dans le *Bulletin de la Société d'encouragement pour l'Industrie nationale*, années 1810 (mai) et 1827 (août) : *Rapports 1° sur des objets présentés, 2° sur le Prix concernant la découverte en France des pierres propres à la lithographie* (par M. de Lasteyrie) — Aux rapports faits pour cette Société et insérés dans son Bulletin, ajoutons ici les *Rapports (officiels) du Jury central sur les produits de l'industrie française admis aux Expositions de 1823 et de 1827*, par MM. Héricart de Thury et Migneron publiés en 1824 et en 1828.

Aulard, *Paris pendant la réaction thermidorienne et sous le Directoire* ; Benoit, *L'Art français sous la Révolution et l'Empire* ; Blondel, *L'Art pendant la Révolution* ; Bouchot, *Le Cabinet des Estampes de la Bibliothèque Nationale* ; Courboin, *Graveurs et marchands d'estampes du dix-huitième siècle — La gravure en France des origines à 1900* ; Delteil, *L'amateur d'estampes du dix-huitième siècle*; Duplessis, *Histoire de la gravure en France — De la gravure de portrait en France* ; Forneron, *Histoire générale des émigrés* ; Goncourt (Ed. et J. de), *Histoire de la Société française pendant la Révolution — (Ibid.) ... pendant le Directoire — L'art du dix-huitième siècle* ; Goncourt (Ed. de), *La maison d'un artiste* ; Grand-Carteret, *Vieux papiers, vieilles images* ; Guénin et Ray, *Statistique du canton des Riceys* ; Guénin, *Troyes et le département de l'Aube de 1789 à 1848* ; Guiffrey, *Table générale des artistes ayant exposé aux Salon du dix-huitième siècle* ; Paul Lacroix (bibliophile Jacob), *Le dix-huitième siècle, institutions, usages et costumes* ; Leymerie, *Statistique géologique et minéralogique du département de l'Aube* ; Portalis et Béraldi, *Les graveurs du dix-huitième siècle* ; Renouvier, *Histoire de l'art sous la Révolution* ; Rosenthal, *La Gravure* ; Socard, *Biographie des personnages remarquables de Troyes et du département de l'Aube* ;

Thévenot, *Statistique intellectuelle et morale du département de l'Aube* ; Tourneux, *Bibliographie de l'histoire de Paris sous la Révolution*, IV ; Tuetey, *Répertoire général des sources manuscrites de l'histoire de Paris sous la Révolution*, I et IX.

Dictionnaires généraux et spéciaux : Siret, *Dict. historique des peintres, etc.* ; Bellier de la Chavignerie et Auvray, *Dict. général des artistes de l'école française, etc...* ; Bénézit, *Dict. critique et documentaire des peintres, etc...* — Millin, *Dict. des Beaux-Arts* (III, 1806) ; *Dict. de la Conservation* (XIV, 1858) ; *Encyclopédie du XIX*[e] *siècle* (XXXV, 1876) ; Larousse, *Dict. universel* ; *La Grande Encyclopédie.*

DEUXIÈME PARTIE

L'Œuvre d'Edme Quenedey

Troyes, Imprimerie J.-L. Paton, 1927.

DEUXIÈME PARTIE

EDME QUENEDEY

Portraitiste au Physionotrace

SON ŒUVRE (1788-1829)

INTRODUCTION

Champ de cette étude : (a) portraits dessinés par Quenedey, gravés par Chrétien ; (b) portraits dessinés et gravés par Quenedey ou seulement gravés par lui. — Physionotraces et portraits d'édition.

Dans les pages qui précèdent, nous avons essayé de retracer la vie du portraitiste semi-bourguignon, semi-champenois Edme Quenedey, peintre en miniature, dessinateur au physionotrace et graveur, qui, surtout à ces derniers titres, connut le succès à Paris au moment de la Révolution et jouissait encore dans la capitale d'une certaine notoriété sous le Consulat et sous l'Empire.

Nous allons tenter maintenant de donner un aperçu des ouvrages d'un genre particulier qu'il mit au jour pendant quarante années, de 1788 à 1829, jusqu'à sa mort arrivée en janvier 1830.

C'est dire que nous parlerons seulement de son œuvre dessiné et gravé.

Nos recherches ne nous ont, en effet, procuré que des renseignements insuffisants sur son œuvre peint, à coup sûr beaucoup moins important et qui n'entre pour rien dans le souvenir qu'on a gardé de son nom ; nous en savons moins encore sur ce qu'il produisit en lithographie, aux débuts et aux progrès de laquelle il s'était industriellement intéressé.

Miniaturiste à peine connu, lithographe ignoré, Quenedey ne nous occupera donc, dans cette seconde étude, que comme portraitiste au physionotrace, titre auquel il a dû sa réputation.

Mais, en matière de « physionotraces », le nom de l'ingénieux violoncelliste de Versailles inventeur de la machine à dessiner des portraits, de l'associé puis du concurrent de notre compatriote des Riceys, par qui ce dernier fut initié à l'art de la gravure durant l'année de leur collaboration, le nom de Chrétien en un mot ne saurait être isolé de celui de Quenedey, tant le sujet les réunit. Aussi ne nous sera-t-il guère possible de traiter des ouvrages de celui-ci sans faire d'assez fréquents rapprochements avec les ouvrages analogues de celui-là, d'autant qu'avant de devenir commercialement rivaux les deux artistes avaient commencé par travailler de compagnie et que pendant la période de lancement des physionotraces, à la veille de la Révolution, l'on se trouve en présence de productions qui leur sont communes.

Tout en reconnaissant que ces premiers ouvrages du genre peuvent être portés au compte de Chrétien aussi bien qu'au compte de Quenedey, suivant qu'on les considère sous l'angle de leur présentation en gravure ou sous celui de l'exécution du dessin initial, selon qu'on s'intéresse au traducteur ou bien à l'auteur, nous les ferons rentrer dans notre étude parce que le mérite de les avoir mis en vogue revient au dessinateur riceton plus qu'au graveur versaillais (1).

Au surplus nos développements ultérieurs s'appliqueront à la fois :

Aux portraits seulement *dessinés par Quenedey* et gravés ensuite par un autre (Chrétien pour presque tous et Roy pour quelques-uns) ;

Aux portraits *dessinés et gravés par Quenedey*, de beaucoup les plus nombreux ;

Enfin aux portraits seulement *gravés par Quenedey* d'après un modèle dessiné, peint ou sculpté par un autre, en nombre assez restreint.

Outre les physionotraces proprement dits, c'est-à-dire les profils (de format in-18 ou in-12 en général) exécutés pour la personne elle-même, qui avait seule le droit de disposer des épreuves et à qui d'ailleurs la planche était remise, ces groupes comprennent quelques portraits d'édition, ordinairement d'un format plus grand que celui des véritables physionotraces (in-8°

(1) Sur ce dernier point, voy. *supra*, pp. 20, 22 et 27 à 29.

ou in-4° au maximum). Par portraits d'édition nous entendons ceux, dessinés ou non d'après nature, que l'artiste fit soit pour servir de frontispice à un livre, soit simplement pour être vendus chez lui comme articles de magasin, au même titre que son papier à calquer (son papier-glace), ses pains à cacheter et ses pierres lithographiques françaises dont il a été parlé dans l'étude précédente.

Où trouver suffisamment de ces estampes pour pouvoir se former sur elles et sur leur signataire une opinion d'ensemble ? Quel aspect, quelles particularités, quel intérêt artistique et documentaire offrent ces petits portraits ? Comment savoir quels en furent les vrais modèles vivants ? Voilà les principales questions auxquelles nous nous proposons de répondre dans les chapitres qui vont suivre, avec le désir que les amateurs de gravures et d'histoire, soucieux d'exactitude, y trouvent assez de renseignements utiles pour que leur satisfaction soit notre récompense (1).

---

(1) A propos des articles offerts à sa clientèle, notons encore ici que Quenedey accueillait à l'occasion, près des siennes, certaines productions de ses amis, qui n'avaient pas comme lui boutique sur rue. Les journaux du temps en signalent quelques-unes dans leurs annonces. Relevons comme exemples :

1° Le « Portrait de Charlotte Corday, condamnée à mort par le tribunal révolutionnaire, pour avoir assassiné Marat, l'Ami du Peuple, peint par Brard et gravé par Roy,.... » dans *La Quotidienne* (N° du 28 août l'an IIe [1793]) ;

2° Le « Portrait de Kosciusko, célèbre général, faisant la révolution de Pologne, dessiné d'après nature, en 1793, au physionotrace, par Quenedey,... » (gravure de Delanaux, dont la composition ne doit pas être confondue avec le simple physionotrace auquel la figure avait été empruntée) et le « Voyage à Cythère, gravé d'après Mallet [peut-être aussi par Delanaux] », dans le *Moniteur universel* (N° du 18 vendémiaire an III [ou du 9 oct. 1794]).

Ces estampes se vendaient alors, en 1793 et en 1794, « chez Quenedey, *rue Croix-des-Petits-Champs, n*[os] *10 et 81* », d'après ces feuilles. Ce sont de semblables réclames qui nous ont permis le plus souvent de déterminer les séjours de l'artiste aux différentes adresses inscrites sur ses portraits, séjours dont nous aurons à faire état : cela dit, une fois pour toutes, nous ne citerons plus par la suite que les avis de ce genre d'un intérêt particulier.

I

Les grandes collections de Portraits de Quenedey

C'est, annoncions-nous à la fin du récit de sa vie, sur une documentation rassemblée en compulsant avec soin les principales collections publiques et plusieurs importantes collections privées de portraits de Quenedey que s'appuieront nos explications relatives à son œuvre.

Disons donc, pour entrer en matière, quelles sont ces collections et comment elles ont été formées.

La plus considérable est celle du cabinet des estampes de la Bibliothèque nationale. Elle renferme actuellement environ deux mille huit cents portraits, répartis dans vingt-huit albums. Les sept premiers ne contiennent que des portraits anonymes, d'hommes pour la plupart (soit cinq albums et demi sur sept). Dans les vingt-et-un suivants sont classés alphabétiquement tous les portraits masculins ou féminins portant un nom gravé ou écrit à la main sur l'épreuve, ou même rapporté tout bonnement au crayon en haut de la feuille qui soutient l'estampe. Point n'est besoin d'ajouter que, dans de telles inscriptions manuscrites, il ne faut voir qu'un brevet d'identification délivré sous la réserve d'usage : s. g. d. g. (sans garantie du gouvernement) ; on ne le croit cependant pas toujours.

Ces 2.800 portraits ne constituent qu'une partie de la production de l'artiste : la majeure partie sans doute. Faute surtout de connaître la quantité approximative de physionotraces qu'il fit à Hambourg pendant les cinq années de son séjour dans cette ville, on ne peut toutefois préciser davantage la proportion que représente dans l'ensemble de l'œuvre de Quenedey cette imposante et instructive réunion. Hormis l'époque du Directoire qui fut celle de son éloignement de Paris, de son « voyage à l'étranger », à la vérité de son émigration, toutes les périodes de notre histoire qu'il traversa durant son existence, depuis la fin de l'Ancien régime jusqu'aux derniers jours de la Monarchie restaurée, y comptent en effet d'abondants spécimens de ses ouvrages.

Vient ensuite la collection du cabinet des estampes du Musée Carnavalet, avec six cents portraits environ de ces différentes périodes, contenus dans cinq cartons. Ils y sont aussi rangés d'après l'ordre des noms, sauf dans le cinquième carton qui comprend les anonymes, classés suivant une idée plus heureuse par époques historiques (Révolution, Consulat et Empire, Restauration) sous sept dossiers : trois pour les hommes en habit civil, un autre pour les militaires ou les fonctionnaires en costume officiel et les trois derniers pour le beau sexe.

Une place est à faire à côté des précédentes, pour le choix de ses épreuves, à la collection de la Bibliothèque d'art et d'archéologie. Elle groupe environ deux cent cinquante physionotraces de Quenedey, dénommés ou non, des divers temps aussi.

Telles sont les collections d'établissements publics parisiens que nous avons pu dépouiller à loisir. Les deux dernières possèdent chacune quelques portraits qu'on chercherait en vain dans la première ou dans l'autre d'entre elles.

Des collections particulières que leurs possesseurs, avec une obligeance dont nous ne saurions trop les remercier tous, ont bien voulu nous permettre d'examiner, nous ne citerons ici, parce que nous y sommes autorisés, que la collection personnelle de M. Mas, également mise à contribution par nous. Elle n'est pas loin d'égaler en importance numérique l'ampleur de celle de la Bibliothèque nationale. Comme dans cette dernière et comme dans celle du Musée Carnavalet l'ordre nominatif y est suivi pour ses trois grandes catégories : Hommes en costume civil, Femmes, Militaires ou Fonctionnaires en uniforme. Les anonymes sont rassemblés en tête de chaque catégorie ; celle des Hommes prélude par un groupe de Musiciens. Autant que nous avons pu nous en rendre compte, un nombre appréciable de physionotraces de Quenedey qu'on ne trouve pas dans les albums de la Bibliothèque nationale se rencontrent dans les cartons de M. Mas, où toutes les époques sont de même largement représentées.

Notons en passant qu'il n'existe, à notre connaissance, que des collections assez minces d'ouvrages de Chrétien et de son successeur Bouchardy, autres profileurs de la même école.

De Chrétien, qui pourtant en fit un nombre considérable (jusqu'à sa mort en 1811), la Bibliothèque nationale ne conserve sous son nom dans un unique recueil que quatre-vingts portraits environ, tant d'après les dessins de Fouquet ou de Fournier que d'après les siens propres. La plupart de ceux qu'il avait primitivement traduits d'après les dessins de Quenedey sont compris dans les vingt-huit albums de ce dernier ; c'est là que devrait surtout les chercher en l'état actuel des choses un auteur qui s'intéresserait tout spécialement à l'œuvre gravé du musicien versaillais.

La Bibliothèque d'art et d'archéologie est plus riche. Elle comprend environ trois cent cinquante estampes de Chrétien sur lesquelles ne figure pas le nom de Quenedey dessinateur. Il ne nous a point été donné de voir dans une collection particulière un groupe plus important d'épreuves analogues.

Moins fécond que son prédécesseur et surtout que Quenedey, Bouchardy n'est représenté — à la Bibliothèque nationale seulement — que par un album renfermant soixante-quinze de ses profils (1).

⁂

Cela dit, il n'est pas sans intérêt d'indiquer et d'expliquer l'origine principale des grandes réunions d'ouvrages de notre portraitiste, si supérieures en nombre à celles de ses émules.

Edme Quenedey n'avait eu que deux filles : Adèle et Aglaé. Elles apprirent de lui à peindre ou à graver. Aglaé, la cadette, fut surtout son élève ; restée célibataire, elle devint sa collaboratrice et fit des portraits du genre des siens, dont il reste quelques-uns. Du mariage d'Adèle avec un ingénieur, M. Bailly, naquit une fille qui par la suite épousa M. Paulin Richard, conservateur à la Bibliothèque nationale.

---

(1) Voici les cotes sous lesquelles sont catalogués à la Bibliothèque nationale, les albums de ces divers artistes : Œuvre de Quenedey : Dc, 65 b[1] à 65 b[2s] — de Chrétien : Dc, 65 c — de Bouchardy : Dc, 65 d. Chose assez singulière, tous trois sont ainsi rangés pour leur œuvre gravé, parmi les peintres (série D) — et ce serait « plus à cause des résultats, que pour les tendances » [??] (H. Bouchot. *Le Cabinet des Estampes*, p. 32) — alors que Saint-Mémin, portraitiste du même genre que les précédents, qui ne travailla qu'en Amérique, est classé judicieusement parmi les graveurs, sous la cote Ef, 153 a.

Beaucoup de portraits de Quenedey, de Chrétien et de Bouchardy sont en outre épars, sous le nom du personnage réel ou supposé qu'ils représentent, dans les très nombreux albums de la collection générale des portraits de cette bibliothèque (série Ne). Nous en avons vus là quelques-uns qui ne figurent pas dans les albums spéciaux : ceux de Mirabeau et de Mme Tallien (?) notamment, dont nous aurons l'occasion de parler au cours de cette étude.

Quant aux portraits faits aux Etats-Unis par Saint-Mémin et son aide Valdenuit nous y reviendrons à l'Appendice, p. 141 et suiv.

Tout cela a déjà été plus amplement exposé dans la partie biographique.

En 1830, à la mort de Quenedey, veuf depuis quelques années, Aglaé et Mme Bailly se partagèrent les souvenirs de leur père, entre autres naturellement ceux qui pouvaient leur rappeler l'activité principale et préférée de toute sa vie, ses physionotraces, profils de ses clients de quarante années, figures dont pour beaucoup l'une ou l'autre se souvenait d'avoir vu dans le magasin de vente et dans l'atelier familial de la rue Neuve-des-Petits-Champs les vivantes expressions.

Aussi bien qu'eussent-elles pu faire d'autre alors de ce stock, sinon se le répartir ou l'envoyer au pilon ?

Composé d'épreuves d'essai, d'épreuves avant la lettre, d'épreuves en « états » différents, d'épreuves tirées en surnombre ou laissées pour compte, etc..., tout ce « fond de boutique » n'était pas marchandise qui pût être cédée à prix d'argent tant que les modèles ou leurs descendants immédiats existaient peut-être encore. Ces images se distinguaient des autres articles du fonds de commerce dont la propriété passait normalement dans la succession ; elles n'appartenaient qu'à l'auteur ou aux clients pour qui elles avaient été faites. Leur conservation partagée entre les enfants de l'artiste était donc, au lendemain de son trépas, la seule solution pratique à adopter à l'égard d'une réunion d'ouvrages de cette sorte, à la destruction desquels on conçoit sans peine que la piété filiale ne se soit pas volontiers résolue (1).

---

(1) Dans ce stock se trouvaient encore comprises les épreuves datant des premières années du physionotrace, quand Chrétien gravait les dessins de Quenedey. Cela s'explique par le fait que ce dernier tenait alors leur magasin de vente ; c'est avec lui seul que la clientèle avait affaire à Paris. De Versailles, Chrétien envoyait à son associé planche et épreuves. Peut-être même Quenedey faisait-il personnellement le tirage de celles-ci suivant la commande reçue par lui ou suivant les modifications de commande. Les épreuves en excédent restaient chez lui par conséquent. Voilà pourquoi tant de ces gravures de Chrétien, venues de chez Quenedey, comme on va le voir, se trouvent dans les albums de celui-ci.

Il semble, à l'inverse, que dans ses rapports avec Fouquet ou avec Fournier, Chrétien se soit réservé le rôle de commerçant et que ces dessinateurs aient été des opérateurs à sa solde, tandis que lui-même, comme graveur, avait tout d'abord travaillé pour le compte de Quenedey, dessinateur.

Tout cela nous paraît résulter assez clairement, d'une part, de cette

A en avoir entendu parler souvent par les deux sœurs, à en avoir feuilleté tant et tant chez sa belle-mère (Mme Bailly-Quenedey) ou chez sa tante par alliance (la « tante Aglaé », morte en 1850, dont le lot de physionotraces paternels et personnels lui échut vraisemblablement en héritage), M. Paulin Richard, le bibliothécaire, s'était intéressé aux petits portraits du grand' père de sa femme et à ceux de son concurrent.

De ce moment il avait commencé à rassembler sur la vie et sur les travaux des deux anciens associés les souvenirs oraux, les extraits de diverses publications, les documents éparpillés dans des papiers de famille, d'après lesquels Renouvier — lui-même le dit — rédigea les articles consacrés à Quenedey et à Chrétien dans son *Histoire de l'art sous la Révolution* parue en 1863, premières notices un peu circonstanciées qui aient été publiées sur l'œuvre de ces graveurs, dont des ouvrages postérieurs n'ont guère fait que reproduire les données.

C'est chez M. Richard que cet historien put voir la plupart des physionotraces énumérés dans ses articles, qu'il put aussi parcourir les listes nominatives de portraits de Quenedey auxquelles il a fait allusion et même emprunté quelques citations : listes que l'obligeant conservateur de la Bibliothèque nationale avait d'ailleurs eu l'occasion de montrer également à plusieurs amateurs de gravures, aux frères de Goncourt, au collectionneur iconographe Soliman Lieutaud et à l'expert Vignères, grand marchand d'estampes, notamment. Cet utile répertoire, mis à la disposition des curieux dans sa teneur intégrale depuis 1892 seulement, grâce à l'*Intermédiaire des Chercheurs,* fera plus loin l'objet de tout un paragraphe.

---

phrase, extraite de la lettre insérée dans le *Journal de Paris* du 24 décembre 1789, où Chrétien dit : « Ayant gravé tous les portraits de « M. Quenedey jusqu'au 18 août dernier *et n'ayant renoncé à ce « faible et unique avantage que je tirais de ma découverte,* que lors- « qu'il se présuma assez sûr de mes procédés pour opérer seul, je me « suis occupé depuis... etc. » ; d'autre part, d'une facture de client acquittée le 3 mai 1792, au temps de l'association Chrétien-Fouquet, par Fouquet peut-être, en ces termes : « Reçu *pour Chrétien* des « mains de M. de Leutre : gravure, 36 l. + 50 épreuves (en noir), 3 l. « + 50 rouges, 5 l. + 6 coloriées, 18 l. + dessin au crayon, de gran- « deur naturelle, 12 l. + un quadre oval, 8 l. ; (total) : 82 livres ». (En fac-similé, dans le *Vieux papier,* n° du 1-7-1910, p. 64). [*Reprendre en haut de cette page :* A en avoir entendu, etc...]

Peu de temps après le décès de M. Paulin Richard, vers l'année 1873, au cours de laquelle mourut, à l'âge de 83 ans, sa belle-mère Mme Bailly, dernière fille de Quenedey, les descendants de celui-ci n'appartenant plus à une génération qui l'avait connu vivant, encombrés peut-être de ce que nous avons appelé son fond de boutique, d'un résidu d'atelier immobilisé dans la famille depuis une quarantaine d'années, vendirent en bloc à Vignères tous les exemplaires de physionotraces provenant de leur bisaïeul, à l'exception d'une réunion assez importante qui fut encore conservée par une arrière-petite-fille du portraitiste ; Vignères avait toutefois fait comprendre dans son acquisition le manuscrit unique du catalogue nominatif précédemment signalé, dont la possession devait devenir aussi utile à son état de marchand qu'elle pouvait être chère à son âme de collectionneur.

Sans plus avoir à s'enquérir des épreuves inutilisées gisant peut-être au fond d'un tiroir de vieux meuble à côté de leur cuivre matriciel ou de celles qui par habitude demeuraient suspendues près de la glace au manteau d'une cheminée, se faisant pendant sous le verre épais de leur menu cadre de bois peint ou doré, dans les familles pour un membre éloigné desquelles ces portraits avaient été jadis exécutés, tout fureteur de curiosités put dès lors — le temps ayant fait œuvre suffisante de recul et d'oubli — se procurer comme objet d'agrément chez Vignères, rue de la Monnaie, près Saint-Germain-l'Auxerrois, telles ou telles de ces petites effigies d'hommes et de femmes, de ces images véridiques de gens du siècle passé inconnus de lui, indifférents à ses souvenirs... sauf dans le cas où, sur la foi d'indications « recueillies dans la famille de l'artiste », notre amateur avait emporté avec l'estampe la conviction qu'il venait, à plus ou moins bon compte, de s'offrir le profil d'un ancêtre de qualité.

En fait, l'expert et fameux marchand vendit-il beaucoup de portraits achetés aux descendants de Quenedey ? On peut en douter ; car, à part quelques-uns dont on retrouve assez difficilement des exemplaires, qu'il parait avoir écoulé surtout dans les familles notables qui comptaient encore des représentants ou des tenants d'un nom illustré figurant au répertoire, il lui restait en magasin, à son propre décès, une quantité de ces portraits en épreuves multiples.

Lorsque ses héritiers mirent ses cartons d'estampes aux enchères, trois des différents lots de physionotraces, les principaux apparemment, furent en effet acquis :

L'un (d'environ 1.800 portraits), par la Bibliothèque nationale;

L'autre (d'environ 600 portraits), par la Ville de Paris ;

Le dernier (d'environ 2.700 portraits, auxquels avait été joint le « Catalogue »), par M. Albert Christophle, alors Gouverneur du Crédit Foncier de France (1).

Le lot venant de la succession de Vignères qui échut à la Bibliothèque nationale composa jusqu'en 1908 la collection des physionotraces de Quenedey du cabinet des estampes de la rue Richelieu. Depuis cette époque, ses albums se sont accrus de 1.047 portraits du même artiste, à la faveur d'une heureuse acquisition négociée en juillet 1907 par feu M. François Courboin, conservateur des Estampes à ce moment.

Or, ce millier de nouveaux physionotraces arrivait encore en droite ligne du fond d'atelier de Quenedey. Il faisait partie de la réunion qu'une de ses arrières-petites-filles, on l'a vu plus haut, s'était réservée (2).

Dans ce groupe additionnel (reconnaissable au timbre : *Acquisition* N° 7138-39) figurent, nous a-t-il paru, le plus grand nombre d'exemplaires-types gardés dans la maison de l'artiste à titre de référence pour ses rapports de clientèle, d'épreuves sur lesquelles des mentions de nom ou de prix sont écrites à l'encre ancienne, au crayon gras ou lithographique, quelquefois par lui, le plus souvent par quelqu'un de son entourage. Ces marques d'auteur, ces notations commerciales qui sentent leur origine ont une valeur documentaire impossible à négliger. Parmi nos renseignements, il se trouvera certaines précisions qu'un examen spécial des pièces échantillonnées de la sorte nous aura seul permis de formuler.

Le lot acheté à la vente Vignères par la Ville de Paris forme maintenant la collection du Musée Carnavalet.

Quant à celui dont M. Christophle s'était rendu possesseur à la même vente, il est venu peu de temps avant la dernière

---

(1) Œuvre d'Edme Quenedey (vente Vignères, en 1887) : réunion de 2.673 pièces, 1.720 francs (Loys Delteil. *L'amateur d'estampes du* XVIIIe *siècle*).

(2) Cet achat, provenant de Mlle Richard, comprit en outre les *Notes* de son père et le dessin original de l'appareil du Physionotrace.

guerre, vers 1912, grossir une autre collection particulière déjà riche de trouvailles et d'acquisitions antérieures. Le répertoire des portraits de Quenedey ne l'y a cependant pas suivi ; après avoir autorisé la publication de ce document, M. Christophle en avait fait don à la Bibliothèque historique de la Ville de Paris en 1892.

Somme toute, les grandes réunions de physionotraces du portraitiste riceton que nous venons d'énumérer et que nous avons inspectées avant d'entreprendre notre étude proviennent soit en totalité, soit pour leur plus grande partie de la masse d'épreuves en reliquat accumulée chez lui, à Paris, durant trente-cinq ans, demeurée aux mains de ses enfants pendant près d'un demi-siècle, puis emmagasinée et mise dans le commerce par Vignères, enfin dispersée à la mort de cet expert, dont le nom restera marqué dans l'histoire commerciale de la gravure au dix-neuvième siècle, comme le sont pour le siècle précédent ceux de Mariette, de Basan ou de Huquier.

Ainsi s'explique qu'on rencontre dans ces collections autant de spécimens de la production de l'artiste répartis suivant une satisfaisante proportion entre toutes les époques de sa carrière, exception faite pour le temps de sa fugue en Allemagne. Si éclectique, si persévérant et si heureux qu'il ait pu être, un même amateur ne serait point parvenu à constituer, en l'acquérant pièce par pièce dans les familles, dans les ventes mobilières habituelles ou chez d'ordinaires marchands d'estampes, un ensemble d'épreuves entières aussi considérable et aussi complet que celui de certaines de ces réunions.

Seule l'analyse d'une collection de l'importance et du genre de celle de la Bibliothèque nationale ou d'une autre qui lui soit comparable (celle de M. Mas par exemple) peut donc permettre de dégager les éléments caractéristiques de l'œuvre de Quenedey et de l'exposer sous son véritable jour. L'examen de deux ou trois centaines seulement de ses portraits, si bien qu'on les ait choisis pour leur élégance ou pour leur variété de disposition ne pourrait conduire qu'à des inductions aventurées.

Après sept ans de gravure professionnelle, à qui Quenedey avait-il confié, en 1796, avant de s'éloigner de Paris, sa réserve d'estampes ? Fut-ce à son frère Vincent-Simon ou à quelque ami ? Mystère. Toujours est-il qu'il les retrouva toutes à son retour dans la capitale au début du Consulat ; le dépôt avait été bien gardé.

On ne saurait par ailleurs être surpris que du temps où chez nous Barras était roi, peu de physionotraces de notre artiste fussent connus. Pendant la période du Directoire, retenu par les lois révolutionnaires à l'étranger, il avait travaillé à Hambourg principalement. Son « voyage » terminé, revenant en émigré, on ne sait par quelle route ni par quels moyens, la tête un peu basse et le gousset mal garni sans doute, il ne s'était évidemment pas embarrassé de son stock d'estampes hambourgeoises de cinq années. Mais comment liquida-t-il cet excédent de bagages ? Qu'est devenu ce stock ?

Autre mystère que nous ne chercherons pas à percer avant d'entrer dans le vif de notre sujet par l'étude de la forme que revêtent ses portraits faits en France, de l'aspect sous lequel s'offrent à la vue ceux que de 1788 à 1796 et de 1802 à 1829 il aurait pu signer tous de la formule dont il usa parfois en latin de sa cuisine : « *Quenedey fecit Parisiis* ».

II

Les Physionotraces de Quenedey

§ 1

De la forme et de l'aspect des physionotraces de Quenedey aux différentes époques de sa carrière. — Des modes de facture et du mérite artistique de ces ouvrages.

Les portraits au physionotrace (abstraction faite ici des portraits d'édition) de Quenedey et Chrétien, puis de Quenedey seul, représentent d'ordinaire le modèle à mi-corps, en buste. Exceptionnellement ils n'en rendent que la tête, tranchée au cou à la manière des effigies en camée.

Les figures y sont presque toutes posées nettement de profil, tantôt à droite, tantôt à gauche. Quelques-unes se montrent de trois-quarts, fort peu se laissent voir entièrement de face ; au demeurant, ces dernières sont plus souvent des réductions exécutées d'après des originaux peints ou sculptés que des images faites directement d'après nature.

C'est sous l'aspect d'un médaillon circulaire, du diamètre de cinq, de six, parfois de sept centimètres que ces estampes se sont maintenues le plus généralement et qu'on les rencontre par conséquent en très grande majorité. Les médaillons de cinq centimètres (exactement de cinquante-et-un millimètres) sont les plus anciens ; ils correspondent à la mesure de dix-huit lignes indiquée par les prospectus initiaux. Dans plusieurs annonces, Quenedey emploie l'expression « grandeur de dessus de boîte », pour marquer approximativement la dimension de ses ouvrages d'après celle des bonbonnières, dans le couvercle desquelles on pouvait les enchâsser.

Assez fréquemment — mais uniquement dans les premiers temps et presque toujours pour des portraits féminins — le simple cercle (qui fait alors médaillon à fond blanc) n'a pas été tracé. Le plus souvent, c'est pour ne pas emprisonner d'une manière disgracieuse la taille élancée d'une jeune fille, la coiffure pyramidale, le bonnet de dentelle démesuré ou le corsage particulièrement opulent d'une dame, ou bien encore le tricorne gigantesque d'un militaire. En pareil cas, sur l'épreuve, l'image se détache seulement dans le contour de la marque creusée par la plaque sous l'action de la presse. Cette absence de cercle ne nuit d'ailleurs pas à l'effet de certains portraits mieux proportionnés que ceux auxquels nous venons de faire allusion.

On trouve aussi quelques médaillons elliptiques, de grandeur variable, à toutes les époques.

Au lieu de se découper, comme habituellement depuis la Révolution et comme encore le plus souvent jusqu'à la fin de l'Empire, sur un fond circulaire sombre et sans nulle bordure extérieure, divers profils exécutés sous le Consulat apparaissent sur un champ rectangulaire également foncé, garni parfois d'un petit liséré formant un léger encadrement.

Par une combinaison des deux manières, dans la plupart des portraits datés de la fin de la Restauration, le médaillon rond ou ovale est renfermé dans un carré ou dans un rectangle, dont les coins sont d'une teinte différente de celle du champ du médaillon, tantôt plus claire, tantôt plus accentuée.

Il existe d'autres variétés de forme. Toutefois, les deux derniers aspects que nous venons de signaler peuvent être considérés, à défaut d'indication plus précise, comme caractéristiques d'une époque de production.

Aucune ornementation superflue — le fait est à remarquer — ne vient donc jamais surcharger l'estampe. Plus de cadre figuré reposant sur un socle, plus de bordure épaisse à guirlandes de fleurs ou à nœuds de rubans comme sur les portraits gravés jusqu'alors, grands ou petits. La figure est présentée aussi naturellement, aussi simplement que possible ; on dirait qu'à l'origine de ces images l'influence de l'école de David en peinture avait déjà réagi sur la gravure.

C'est par un cadre matériel que les physionotraces devaient être mis en valeur et, de fait, c'est dans leurs entourages du temps qu'il faut les voir pour les bien juger.

Au demeurant, dans les magasins des éditeurs, rue Croix-des-Petits-Champs, n° 10, chez Quenedey, ou « dans le cloître Saint-Honoré, au-dessus du passage, au deuxième », chez Chrétien, on trouvait à acheter de ces cadres appropriés : cela grossissait d'autant la facture du client et le chiffre d'affaires de la maison (1).

⁂

Encerclées ou non, les figures des physionotraces ont été gravées au début, par Chrétien d'abors, par Quenedey ensuite à son exemple, sur des plaques de fer-blanc ou de zinc, puis de cuivre, légèrement rectangulaires, de six à sept centimètres de côté : d'une dimension qui ne dépassait donc guère celle du portrait lui-même, comme en fait foi l'enfonçure du métal dans le papier.

---

(1) Voyez, par exemple (*Supra*, page 74 à la fin de la note), la facture de M. de Leutre comprenant, entre autres fournitures, un « quadre oval » du prix de 8 livres, probablement pour son portrait au crayon de grandeur naturelle en ce qui concerne celui-là.

A l'égard des petits portraits gravés, le découpage de l'estampe suivant le contour du médaillon, pour un encadrement rond, faisait disparaître la signature et l'adresse du portraitiste. Aussi pour nombre de physionotraces retrouvés en épreuve découpée, sous leur ancien cadre ou sans celui-ci, ne peut-on plus souvent reconnaître si l'image est une gravure de Quenedey ou une gravure de Chrétien.

Sur quelques portraits de ce dernier, le médaillon est entouré d'un cercle un peu plus grand. Par cette disposition, l'artiste voulut peut-être protéger les inscriptions gravées entre les deux traits concentriques, en fournissant pour guide aux ciseaux de l'encadreur la ligne du second cercle. Cette forme de présentation est étrangère aux ouvrages de Quenedey ; sur ceux de Chrétien, on ne la trouve, assez rarement d'ailleurs, qu'à l'époque de la Révolution. Elle avait l'inconvénient d'alourdir l'estampe et n'était pas d'un heureux effet en encadrement carré.

La même empreinte révèle qu'à partir des dernières années de l'Empire, les planches en cuivre prirent la forme d'un rectangle plus allongé qu'auparavant. Le portrait occupait la partie supérieure, laissant sous son médaillon un espace libre assez grand pour permettre d'y graver, immédiatement ou par la suite, des inscriptions même un peu longues (1).

Les premiers physionotraces dus à la collaboration de Quenedey, dessinateur, et de Chrétien, graveur, sont exécutés d'une touche légère, au trait à peine ombré. Chrétien accentua progressivement les effets d'ombre, en commençant par les plis du vêtement ou les ondulations de la chevelure et ce furent bientôt des portraits gentiment nuancés que la clientèle reçut des mains des deux artistes.

Il semble bien que ce soit Quenedey, devenu le graveur de ses dessins à partir du mois de septembre 1789, qui, au champ précédemment laissé en blanc, ait commencé à substituer un fond sombre, poussé graduellement jusqu'au noir du côté du visage, pour donner, par un effet de contraste plus accusé, du relief à ses profils. Cette forme de présentation devint le type de gravure pour portraits au physionotrace. Chrétien l'adopta dès le début de sa nouvelle association avec le dessinateur Fouquet, au commencement de 1790, et ne s'en départit plus.

Quelques médaillons à fond nuageux ou pommelé, qu'on rencontre par occasion à la fin de l'Empire parmi ceux de Quenedey, sont à cet égard imités (selon le désir du client probablement, pour une raison de symétrie avec un pendant) de certains portraits du « successeur de Chrétien », de Bouchardy, qui paraît avoir imaginé cette variante.

⁂

Les physionotraces se faisaient ordinairement en tirage d'une seule couleur : en noir de façon courante ou, pour un peu plus cher, en bistre et même en rouge pour des portraits d'homme ou en bleu pour des portraits de femme.

On pouvait aussi se procurer des épreuves diversement coloriées à la main ; il en coûtait dans ce cas trois livres pour cha-

---

(1) Tout au début du physionotrace, avant que le procédé fût commercialisé par Quenedey, on peut rencontrer des portraits gravés par Chrétien sur plaque ronde ; mais ce sont des spécimens exceptionnels.

que épreuve sur papier ou douze livres sur vélin et vingt-quatre livres si l'on voulait cette épreuve « sur ivoire en miniature », disons plus exactement en imitation de miniature, car on sait que dans le genre de celle-ci la figure est toujours montrée de trois-quarts ou de face et non de profil comme elle l'était en règle générale pour les physionotraces.

Quelques clients qui ne regardaient pas au prix, dédaignant les épreuves aquarellées, allaient jusqu'au portrait « imprimé en couleurs », obtenu au moyen de plusieurs planches ou de plusieurs tirages effectués sur la même planche encrée « à la poupée ».

Les portraits de cette sorte sont rares, mais ils sont charmants. Dans une collection privée, nous avons pu admirer celui d'un anonyme habillé de ce drap aux larges rayures droites, si généralement porté en 1788 qu'au dire de Sébastien Mercier, dans son *Tableau de Paris*, « tout le monde ressemblait au zèbre du Jardin du Roi ». A la Bibliothèque nationale, le profil d'Hérault de Séchelles, jeune et élégant avocat général au Parlement, n'est pas moins remarquable dans ses deux états de teintes différentes ; celui du financier d'Arjuzon mérite aussi d'être cité (1).

Plus que ceux qu'on avait rehaussés d'aquarelle, les physionotraces imprimés en couleurs se rapprochaient de la miniature, sans cependant atteindre à sa hauteur et sans viser à la supplanter. Ni les uns ni les autres n'étaient d'ailleurs vendus pour

(1) Les prix rappelés ci-dessus sont ceux des premiers prospectus (juillet 1788). Par la suite, Quenedey et Chrétien de son côté eurent d'autres tarifs, sur la progression et les variations desquels nous n'avons pas trouvé assez de renseignements pour pouvoir en coordonner les indications (Voy. toutefois à ce sujet une lettre de Quenedey dans le *Journal de Paris* du 6 nov. 1788 et, dans le *Moniteur universel* du 17 juillet 1790, l'annonce concernant le portrait de l'acteur Larive).
— Le procédé de l'encrage « à la poupée », auquel nous avons fait allusion, c'est-à-dire le procédé qui consistait à appliquer les diverses couleurs, avant le tirage que chacune d'elles nécessitait, sur des parties différentes *de la même planche*, à l'aide d'un tampon (d'une *poupée*), dut être employé par les graveurs sous la Révolution, afin d'économiser le cuivre devenu rare et cher. Provisoirement ce procédé remplaça celui du tirage par planches repérées, qui, pour une même estampe, exigeait autant de plaques de métal que de couleurs à employer.

La cherté du cuivre est aussi la raison pour laquelle, comme on l'a vu, les plaques étaient à cette époque de moins grandes dimensions qu'elles ne le furent plus tard.

de la miniature à bon marché. Ces ouvrages étaient tout autre chose. Une de leurs originalités provenait de leur exécution en série ; c'est pour cette raison qu'ils répondaient au goût du jour et que la mode les avait si vite accueillis aussi bien en noir qu'en polychromie. Les personnages qui, comme Hérault de Séchelles ou M. d'Arjuzon, faisaient graver en couleurs leur portrait par Quenedey, étaient gens à pouvoir se l'offrir en véritable miniature par Vestier ou par Mme Cadet. Cette clientèle là recherchait les articles en vogue, elle ne guettait pas la marchandise au rabais.

⁂

Ce n'est pas seulement par la particularité d'une image ressemblante automatiquement obtenue, par leur caractère d'effigies intimes, par la quantité qui en fut faite sous les diverses formes dont nous avons parlé, que les physionotraces se recommandent à l'attention ; c'est aussi par la manière experte dont Quenedey et Chrétien surent traiter le métal et par les qualités intrinsèques de beaucoup de leurs petites estampes.

Les médaillons répandus dans les familles en suites considérables par ces deux artistes procèdent évidemment de ceux, d'une dimension un peu plus grande, déjà mis au jour en nombre assez restreint par des maîtres graveurs de leur époque, notamment par Augustin de Saint-Aubin et surtout par Nicolas Cochin (le jeune) qui avait trouvé ce type de portrait toujours de profil, imité du dessin de médailleur, d'un aspect habituellement dur et sec, auquel il avait su donner de l'allure et de la vie.

Néanmoins, les ouvrages des uns et des autres ne s'apparentent que d'assez loin ; ils ne sauraient être comparés en tous points.

Celui-ci déjà les séparerait. Cochin et de Saint-Aubin travaillaient seulement pour quelques amateurs. Quenedey et Chrétien opéraient pour le public. Leurs méthodes devaient donc différer, les premiers pouvant prendre leur temps avec des connaisseurs attitrés, les seconds s'engageant au contraire à servir dans le délai de quelques jours une clientèle qu'ils s'efforçaient de retenir et d'accroître, surtout quand leurs maisons furent devenues rivales.

Or, c'est merveille que ces derniers aient pu réussir aussi bien en travaillant aussi vite. Au temps de leur vogue, pendant leur belle période, des débuts de la Révolution à la fin de l'Empire, les physionotraces furent des productions d'une louable facture, dont la distinction témoigne en faveur de leurs auteurs d'une adresse manuelle qui confinait à la maîtrise.

L'action mécanique du physionotrace n'entrait en effet que pour peu de chose dans la confection de ces ouvrages. L'appareil intervenait pour tracer les linéaments du portrait initial et son rôle se bornait là. L'achèvement de ce portrait « grand comme nature », puis sa réduction en estampe, étaient le résultat d'un travail personnel dû au dessinateur d'abord, au graveur ensuite. L'instrument fournissait une esquisse, eux faisaient le reste, soit presque tout.

Sur les procédés de gravure adoptés tant par Chrétien que par Quenedey, il n'y a guère qu'un mot à dire. C'est, sans avoir à relever aucune originalité spéciale dans leurs modes d'exécution, que ces artistes, lorsqu'ils voulurent s'appliquer — car à côté d'œuvres pleines de charme où perce leur talent, on en rencontre qui sortent à peine de l'ordinaire — surent user avec une habileté particulière des moyens couramment employés de leur temps, de ceux de la roulette, du lavis ou de l'aquatinte le plus souvent.

A cette indication ajoutons deux remarques seulement. La première est que Chrétien paraît être resté supérieur à son émule ; ses estampes sont en général mieux traitées ; elles ont davantage de modelé, de fini. Quenedey, plus expéditif, s'en tenait à l'expression des masses ; il soignait moins les détails. Ce dernier, par contre — ce sera notre seconde observation — réussissait mieux la mise en plaque ; ses figures sont plus exactement centrées et ses médaillons offrent une régularité de proportions plus satisfaisante à l'œil qui leur vaut souvent aujourd'hui la préférence de l'acheteur en quête d'un simple objet de curiosité et d'agrément.

⁂

Des critiques d'art aussi avertis que MM. Portalis et Béraldi ont pu écrire, à propos de Chrétien, que le succès des portraits au physionotrace s'explique par « l'air propret, coquet et intelligent qu'ils recevaient de la main du graveur ». Nous n'en disconvenons pas.

Il serait juste toutefois, à notre avis, de réserver dans la rapide conquête de la faveur publique une part d'influence à l'allure élégante que ces portraits — ceux de femmes notamment — devaient au talent avec lequel le dessinateur avait tout le premier reproduit l'agencement du costume et l'ordonnance de la coiffure, les jours des dentelles et les boucles des cheveux dans la plus complète collection qu'on puisse voir de collerettes, de bonnets et de chapeaux, de catogans, de nattes et de frisures de toutes sortes.

Bien qu'apparemment il n'ait pas montré autant de science du dessin que Fouquet (son remplaçant près de Chrétien), nous n'en sommes pas moins redevables à Quenedey de beaucoup de portraits agréablement présentés.

Parmi les images au simple trait, des débuts du physionotrace sous Louis XVI, il en est de curieuses et quant aux effigies féminines, de vraiment séduisantes. Le profil de Mme de Staël, distingué par Renouvier — peut-être pour l'habitude prise de voir un grand homme en cette femme célèbre — n'est cependant pas, selon nous, le plus bel exemple à donner ; celui de la délicieuse Mme Melan, presque une inconnue, pourrait mieux convenir si l'on tenait à n'en citer qu'un seul des plus jolis.

Dans les estampes plus poussées en gravure se rapportant aux années de la Révolution, celles que nous signalerions de préférence pour leur ligne intéressante seraient, outre le profil d'une dame X..., exécuté en 1790 et plus d'une fois reproduit sous le nom de la belle Mme Tallien, du Directoire, les portraits de Mirabeau, d'Hérault de Séchelles, d'un M. de Saint-Germier, en qui l'on croit reconnaître Saint-Just, enfin d'un M. Pinel de la Taule, pris mal à propos pour l'un des Robespierre.

Mais où l'on trouve le plus de médaillons gravés d'après un heureux crayon c'est, à ce qu'il nous a semblé, dans le groupe important de ceux que Quenedey fit après son retour d'Allemagne, lorsque tout fiers des habits brodés dont le premier consul avait étoffé leur emploi, ou des croix, des galons nouveaux gagnés par eux aux campagnes napoléoniennes, des fonctionnaires ou des officiers vinrent en nombre dans son atelier de la rue Neuve-des-Petits-Champs lui demander un témoignage patent de leur prestance sous l'uniforme, et quand passèrent aussi chez lui maintes coquettes désireuses de répandre en multiples exemplaires le souvenir de leur grâce, sinon la vision de leurs charmes dans les décolletés des modes impériales.

Ensuite survinrent les événements de 1814 et de 1815 : la France changea de régime et bientôt Paris changea de goût. A l'Empire avait succédé la Restauration.

Tous les physionotraces de cette dernière époque ou presque tous sont de Quenedey. Chrétien mort, Bouchardy lassé ou disparu, lui seul en fit encore de 1820 à 1829. Nul ne contestera que dans cet intervalle ses portraits n'offrent plus le même agrément que ceux des périodes antérieures. Progressivement, on les voit devenir de moins en moins satisfaisants d'apparence et d'exécution. Dans les dernières années du règne de Louis XVIII et sous Charles X, le costume masculin autant que les toilettes féminines prêtaient d'ailleurs moins au dessin qu'à la caricature. Et puis, comme le genre d'images qu'il avait lancé en 1788, le vieil artiste avançait vers sa fin.

En juillet 1830, lorsque Louis-Philippe devint roi des Français, ni l'un ni l'autre n'existaient plus.

⁂

Telles sont, quant à la forme et quant à l'aspect des petits portraits édités par Quenedey pendant quarante ans, les impressions principales qui se dégagent du dépouillement des grandes collections de ses ouvrages, autant que nous avons pu en juger non sans peine.

La difficulté de se former une opinion tient au fait que ces innombrables portraits ne sont pas classés suivant l'ordre chronologique de confection — seul ordre raisonnable pour suivre un auteur dans son œuvre — mais, nous l'avons dit, par ordre alphabétique de dénomination, exacte ou supposée. Tous les Du Pont, tous les Le Fèvre, tous les Vincent sont là côte à côte de quelque temps que soit leur image ; et cela se renouvelle en rang de dictionnaire dans la longue suite des albums ou des cartons pour tous les personnages dénommés, au point que l'œil s'y perd à chaque instant et que l'attention s'égare sans cesse.

Comment grouper chronologiquement les physionotraces de Quenedey ? Comment à cette fin peut-on connaître avec une approximation suffisante les années d'exécution d'estampes similaires qui ne sont généralement pas datées ? En sachant utiliser les diverses inscriptions gravées sur le cuivre quand il en reste au moins quelque trace sur l'épreuve ou sur le fragment d'épreuve que l'on possède.

§ 2

Des inscriptions gravées sur les physionotraces de Quenedey. — De leur classement rationnel d'après ces inscriptions

Toute gravure de bon faiseur, toute estampe digne de ce nom s'accompagne en règle presque absolue dans son état définitif, d'inscriptions diverses : sujet de l'image, noms de ses auteurs, date d'exécution et parfois procédé de cette exécution. Les premières épreuves qui ne portent pas encore ces mentions sont, on le sait, dites « avant la lettre ».

Les physionotraces, petits ouvrages soignés, n'échappent pas à la règle que nous venons d'indiquer.

Sur ceux qui rentrent dans l'œuvre de Quenedey, quatre sortes d'inscriptions gravées peuvent se lire ; mais, ajoutons-le immédiatement, on ne les y trouve jamais toutes quatre réunies et, ce disant, nous ne parlons bien entendu que d'estampes complètement achevées, résultant d'un tirage fait sur la planche livrée au client ou prête à lui être remise, vues en épreuves entières. Le nombre, la nature et la teneur des inscriptions dont il s'agit ont en effet varié suivant les époques.

De ces quatre inscriptions distinctes, la première à signaler est la *cote numérique,* qui ne figure avec une continuité longtemps soutenue que sur les physionotraces du temps de la Révolution.

La seconde est celle que nous appellerons la *mention d'origine* (ou *de signature*), dont il y eut plusieurs formules mais que l'on rencontre sur toutes les épreuves avec l'une ou l'autre de ses rédactions.

Nous reparlerons assez longuement dans un instant de ces deux premières inscriptions.

La troisième est la *mention nominative* révélant le nom, parfois aussi la qualité, la fonction ou même l'âge de la personne représentée : inscription rare à toutes les époques, sur laquelle nous devrons revenir à propos de l'identification des physionotraces.

La quatrième enfin est la *référence de prix* qui n'apparait, disons mieux qui ne se laisse à peine entrevoir, tant elle est discrètement marquée dans l'angle inférieur droit de l'épreuve, qu'à partir de 1812. Elle se rapportait sans nul doute aux conditions faites au client lors de sa première commande et elle n'avait d'utilité particulière qu'aux yeux de l'artiste comme moyen mnémonique de comptabilité. Les prix rappelés par ces inscriptions microscopiques varient de 30 à 70 francs (1).

Nous ne retenons pas spécialement ici l'indication de la date d'exécution du portrait, parce que dans les cas (peu nombreux sous la Révolution, mais assez fréquents à partir du Consulat) où cette date est inscrite sur les médaillons de Quenedey, on la trouve ajoutée à la mention d'origine ou comprise dans la mention nominative. Elle ne fait jamais l'objet d'une mention distincte.

Peut-être aurions-nous pu créer une cinquième rubrique pour les *formules d'envoi*, les *dédicaces*, les *vers de circonstance*, les *devises* qu'on lit sur certaines épreuves de physionotraces, dont le libellé souligne d'ordinaire le caractère de présent d'amitié, de souvenir de famille, de don pieux qui s'attachait à la distribution de ces images. Mais il suffira, croyons-nous, de rapporter ici quelques exemples de ces adjonctions accessoires pour en donner une idée : « Priez Dieu pour moi », demandait un abbé ; « Acceptez, c'est sans conséquence », assurait une dame ; « Pour mes parents et mes amis » ou bien « Amicus, amicum, amicis », disaient des gens aimables ; « Fidelis moriar » (je mourrai fidèle), jurait un mari à l'adresse de sa femme ou plus probablement un ci-devant en mémoire de son roi.

Revenons aux deux sortes d'inscriptions les plus utiles à connaître pour l'instant : la « cote numérique », intéressante surtout pour l'époque de la Révolution et la « mention d'origine », instructive pendant toute la période d'exploitation du procédé du physionotrace par Quenedey.

A. — *De la cote numérique*

De 1788 à 1796, première étape de sa carrière de portraitiste, qui s'étend depuis l'année où il lança le genre des petites effigies familiales en estampes, jusqu'à celle où il s'expatria et dont le commencement fut le temps de sa plus grande vogue personnelle à Paris, Quenedey fit au physionotrace plus de dix-huit cents portraits.

(1) Leur indication se rencontre principalement sur les portraits des étrangers qui vinrent à Paris en grand nombre, à la fin de l'Empire et plus encore dans les premières années de la Restauration.

Ce nombre nous est connu grâce au soin que, dès le début de leur association, Chrétien et lui prirent — probablement afin de n'avoir pas à tenir entre eux des écritures plus compliquées — de numéroter leurs ouvrages ; grâce, en second lieu, à l'habitude que Quenedey conserva, quand ils se furent séparés, d'appliquer la suite de ce numérotage aux planches qu'il grava lui-même pour sa clientèle (1).

L'idée de ce classement statistique appartient selon toute vraisemblance à Quenedey, car plus tard nous le verrons par deux fois y revenir, au moins provisoirement, tandis que Chrétien ne la reprit jamais, ni pour sa comptabilité avec ses autres collaborateurs, ni pour sa propre curiosité.

A dire vrai, bien qu'en fait le résultat soit le même, ce n'est pas par l'emploi d'une numération continue et indéfinie, mais en usant d'un mode spécial d'étiquetage que nos artistes distinguèrent chronologiquement les portraits sortis de leurs ateliers, qu'ils les « matriculèrent » en quelque sorte suivant l'ordre d'exécution, pendant le temps de leur collaboration et que Quenedey distingua, matricula de même ensuite les portraits dont il était devenu l'unique auteur.

Ce sont, en effet, des « cotes », telles que : A 10, F 53, K 99 ou L 87 que l'on voit figurer d'ordinaire sur les physionotraces de la période de 1788 à 1796, cotes qui se lisent généralement à gauche, au-dessous du médaillon ou en bas de l'estampe. On peut cependant aussi, mais beaucoup plus rarement, ne trouver aux mêmes endroits sur celle-ci qu'un simple nombre : 19, 46 ou 92, par exemple, sans aucune lettre devant les chiffres.

Si claire qu'elle paraisse, cette notation a besoin d'être un peu expliquée.

Ainsi doit-on savoir qu'à chaque lettre correspond, d'après sa place alphabétique, un nouveau groupe de *cent portraits exactement* et que les figures numérotées sans lettre appartiennent, comme leur facture embryonnaire le révèle par ailleurs, à

---

(1) On a vu précédemment (en note, pp. 73 et 74) que Chrétien, pour ses travaux de gravure, était en compte avec Quenedey. S'ils avaient, comme on peut le croire, convenu d'un prix pour chaque planche exécutée, le calcul était facile à faire, à tout moment, suivant le numéro du dernier portrait livré, de la somme revenant à Chrétien, sans que ce dernier eût à se préoccuper de garder note des noms des clients : cela était l'affaire de Quenedey.

la toute première centaine de profils livrés à la clientèle par Quenedey et Chrétien associés.

Au début de la seconde centaine, l'un d'eux ayant jugé plus simple ou peut-être plus discret de substituer les formules A 1, A 2, A 3 aux nombres 101, 102, 103, ils adoptèrent successivement la même méthode de classification et c'est par les signes B 1, B 2,... B 100, C 1, C 2,... C 100 qu'ils marquèrent leur troisième, puis leur quatrième centaine de portraits, et ainsi de suite.

Livré à lui-même, Quenedey persévéra dans cette manière de faire. Après une courte interruption, on voit reparaître sur les planches de ses propres médaillons la série des cotes précédentes et l'on constate qu'il la poursuivit sans nouvelle solution de continuité jusqu'à son départ de Paris en l'an IV.

Il était alors parvenu à la cote R 27, c'est-à-dire au n° 1827.

A quelques unités près, ces 1827 portraits — au seul groupe desquels s'applique, indiquons-le dès à présent, le catalogue nominatif dont nous avons déjà parlé et dont nous reparlerons — représentent donc tous les profils que Quenedey avait dessinés et que, pour plus de la moitié, il avait aussi gravés pendant les huit années à peu près complètes qui s'étaient écoulées entre le mois de juillet 1788 et le mois d'avril 1796 ; années marquées les unes après les autres par les graves événements politiques et sociaux que l'on connait : les Etats Généraux, la Révolution, les difficultés religieuses, la chute de la royauté, l'émigration, la guerre, la Terreur, la réaction thermidorienne, en fin de compte la République installée et la France agrandie des Pays-Bas, d'où par Bruxelles et par Gand, Quenedey pauvre et découragé s'en fut exploiter dans le grand port cosmopolite de Hambourg l' « article de Paris » qu'était encore le portrait de poche en estampes dessiné au physionotrace.

Au cours de ces temps agités, après la pleine vogue connue de 1788 à 1790, après un succès encore soutenu en 1791, notre artiste avait vu sa production décroître rapidement à partir du milieu de 1792 pour tomber fort bas en 1795, sous le contrecoup des secousses successives, des troubles, des inquiétudes et de la gêne générales, non moins que par le résultat de la concurrence faite à sa maison par l'établissement de son ancien associé, de telle sorte que l'ensemble des 1.827 portraits de cette première période se trouve très inégalement réparti entre les années qu'elle renferme (1).

***

Parti de Paris vers la fin de mars 1796, Quenedey ne séjourna tant à Bruxelles qu'à Gand, alors villes françaises, que quelques mois. L'idée ne lui vint pas d'y numéroter ses portraits ; du moins nous n'avons rencontré aucune cote sur ceux que nous avons vus signés de Bruxelles ; de Gand, nous n'en connaissons pas. Peut-être savait-il bien qu'il ne resterait pas longtemps dans les « départements réunis ». Son parti de gagner l'étranger était pris sans doute.

Dès son arrivée à Hambourg, il revint en effet — signe probable de l'intention qu'il avait d'y résider — à son système de cotes, d'abord *sans lettre*, comme à ses débuts avec Chrétien. Puis ?... Nous ne savons pas s'il continua avec des cotes alphabétiques ou si définitivement il abandonna son numérotage, n'ayant eu sous les yeux qu'un très petit nombre de portraits faits par lui en cette ville, dont le plus ancien porte (avec la date d'octobre 1796) le n° « 5 » et le plus récent le n° « 42 » (sans date).

Nous n'en dirons donc pas plus, et pour cause. Il nous aura suffi de signaler cette reprise au moins passagère d'un signe coutumier.

Elle ne fut pas la seule. La seconde se place sous l'Empire, alors que Quenedey était rentré en France depuis plus de six ans. Ce revenez-y fut de courte durée. Il se produisit à une époque dont toutes les grandes collections de ses ouvrages possèdent de nombreux spécimens ; or, parmi ces derniers, nous n'en avons rencontré que sept où cette marque se retrouve, dont cinq

---

(1) D'après les données d'un tableau qu'on trouvera plus loin (page 104), cette répartition s'établit approximativement ainsi :

De juillet 1788 au milieu d'août 1789, en collaboration avec Chrétien, 830 portraits ;

Ensuite, pour Quenedey travaillant seul : 420 portraits, du milieu d'août 1789 à la fin de décembre 1790 ; 250, en 1791 ; 113, en 1792 ; 87, en 1793 ; 56 de janvier 1794 à février 1795 ; enfin 71, pendant les dix autres mois de cette dernière année et le premier trimestre de la suivante, où pour lui, comme l'on voit, le métier n'allait plus.

sont datés de 1808 ; le n° 18, le plus élevé que nous ayons vu, est de ceux-là.

L'originalité de ce deuxième retour à la cote numérique consiste dans l'emploi fait cette fois par Quenedey, non seulement d'une lettre chiffrée comme sous la Révolution, mais d'une *double lettre*. Celle du commencement de l'alphabet : « AA », inscrite sur les portraits de 1808 que nous connaissons jusqu'à « AA 18 », indique clairement une intention nouvelle qui n'en était encore là qu'à ses premières manifestations.

Quenedey ne semble pas y avoir persisté jusqu'au point d'atteindre même les cotes AA 100 et BB 1.

Toujours est-il qu'en ouvrant pour son usage (la cote numérique n'était qu'une indication statistique sans intérêt pour le client) cette série à double lettre, notre artiste avait évidemment eu pour but d'éviter une confusion entre les portraits dont elle se composerait et ceux de l'ancienne série A 1-R 27, de faciliter le classement des épreuves de l'un et l'autre groupe gardées en dépôt chez lui.

Mais pour nous aujourd'hui qui manipulons ces mêmes épreuves après plus d'un siècle, qui les rangeons à notre façon, qui cherchons à savoir de quelles personnes vivant de son temps elles nous rendent les images, la rareté de cette cote à double lettre nous surprend et nous conduit au contraire, si l'on n'y prend garde, à des erreurs d'attribution, à des quiproquos.

En veut-on un exemple ?

« AA 15 », d'après le *Dictionnaire iconographique des Parisiens*, représente Vestris II, le « Diou de la danze », en pleine gloire chorégraphique en 1808, tandis que « A 15 », d'après le *Catalogue* nous montre sous son visage de 1788 M. Patu. En ce temps où, sur la scène de la Comédie française (devenue de nos jours celle de l'Odéon) l'on jouait encore quelquefois *Le Mariage de Figaro* de M. Caron de Beaumarchais, ce M. Patu occupait à Paris l'emploi de « payeur des rentes de l'Hôtel de ville », emploi de chiffres et de rapport dont les titulaires figuraient à l'*Almanach royal*. Or, il est telle collection, non la moins importante, où, par une mauvaise lecture de la cote, Vestris a été mis dans la place qui revenait à Patu : il y fallait un calculateur, ce fut un danseur qui l'obtint.

Anecdote racontée chemin faisant pour démontrer l'utilité de connaître et la nécessité d'examiner de très près les inscriptions gravées sur les estampes de physionotraces, si l'on veut écarter le risque de commettre des erreurs trop lourdes en baptisant leurs personnages.

A cet égard, la « mention d'origine » qui va nous retenir un moment n'est pas moins fertile en enseignements.

B. — *De la mention d'origine ou de la signature*

Outre le soin qu'ils prirent, pour quelque raison d'utilité personnelle, d'étiqueter leurs premiers ouvrages, Quenedey et Chrétien ne manquèrent pas de les signer d'une manière qui en soulignât aux yeux de la clientèle le procédé spécial et nouveau d'exécution.

Une fois séparés et devenus concurrents, la pensée d'inscrire l'adresse de leurs ateliers respectifs fut, d'autre part, une précaution d'ordre commercial qui s'imposa d'elle-même à chacun d'eux.

Indépendamment de la cote, les physionotraces de Quenedey et Chrétien associés, puis ceux que Quenedey dessina et grava lui-même ensuite, portent donc toujours — sauf les exceptions nécessaires pour confirmer toute règle — une mention d'origine, une marque de fabrication écrite en caractères minuscules horizontalement en bas de l'estampe ou circulairement sous le médaillon (1).

La mention en question comporte de nombreuses variantes, surtout sur les portraits de l'époque révolutionnaire, c'est-à-dire sur ceux qui sont cotés de 1 à R 27.

Ces variantes résultent le plus souvent soit d'abréviations diverses, soit d'interversions des mêmes mots, soit de l'emploi

---

(1) Jusqu'en 1812 environ, l'inscription circulaire suivant de près le contour inférieur du médaillon est de règle. Au contraire, à partir de 1812, la règle est l'inscription horizontale, placée aussi bas que possible, quelle que soit la hauteur du cuivre. Pour les figures non encerclées des premières années (jusqu'en 1792), il va de soi que l'inscription est horizontale ; on la voit parfois sur deux lignes, à droite ou à gauche du dessin.

— Ce n'est pas seulement pour éviter qu'on confonde ses ouvrages avec ceux de son ancien associé, mais encore et surtout « avec les contrefaçons dont on empoisonne Paris et les départements », que « le nom de M. Quenedey sera écrit au bas de tous ses portraits », lit-on dans une réclame publiée par la *Gazette nationale* du 25 avril 1791 (Annonce du « Portrait de M. Mirabeau », au physionotrace, d'après un buste fait sur le masque moulé après sa mort).

d'une autre langue que le français (le latin, l'anglais ou l'allemand) ; elles n'ont de ce fait pas grande importance et l'établissement de leur liste complète serait sans utilité.

Il est plus intéressant de noter qu'en définitive la « mention d'origine ou de signature » se ramène presque toujours à l'une des cinq formules suivantes qu'il est bon de garder en mémoire parce que leur succession suit l'ordre chronologique et qu'elle permet de jalonner des intervalles.

Pour la période de 1788 à 1796, ces formules-types sont :

I° *Dessiné par Quenedey avec le physionotrace inventé par Chrétien* (en abrégé d'un emploi constant : *Dess. p. Q. av. le phys. inv. p. Ch.*) ;

II° *Dessiné par Quenedey, gravé par Chrétien, inventeur du physionotrace* (en abrégé : *Dess. p. Quenedey, gr. p. Chrétien, inv. du phys.*) ;

III° *Dess* (iné) *et gravé par Quenedey avec le phys* (ionotrace) *de Ch* (rétien) [*rue Croix-des-Petits-Champs n°* 10 *à Paris*], avec ou sans cette adresse ;

IV° *Dess* (iné) *et gravé avec le physionotrace par Quenedey, rue Croix-des-Petits-Champs n°* 10 *à Paris* — ou bien : (*même rue*) *n°s* 10 *et* 81 — ou bien : *cour des Fontaines n°* 1111 *au Palais-Royal* (ou : *au ci-devant Palais-Royal,* ou : *au Palais-Egalité*) *à Paris,* suivant les différentes adresses de l'auteur en ce temps (1).

---

(1) Une courte formule sans adresse : « *Fait au physionotrace par Quenedey* » (ou bien, en variantes latines : « *Quenedey fecit* » ou « *Quenedey del*(ineavit) *et sculp*(sit) »), mérite d'être signalée à l'époque de la formule IV. On la trouve parfois isolément, mais elle apparaît sur plusieurs portraits consécutifs quand l'artiste est en instance de déménagement : la raison est facile à saisir.

Un mot, en passant, sur les inscriptions en langue étrangère, dont nous avons dit qu'on rencontre aussi des cas. Bien qu'elle soit d'une date postérieure à l'emploi de la formule IV, citons celle-ci : « *Drawn with the Physionotrace and engraved by Kenedy, n° 15 rue Neuve-des-Petits-Champs à Paris. 1815* ». Point n'est besoin d'être grand clerc pour déduire de sa présence sous un portrait, que la figure est celle d'un client venu d'outre-mer. N'empêche que nous l'avons trouvée, dans une grande collection, sur une estampe portant, comme référence, le nom du conventionnel Rabaut-Pomier ; or celui-ci était si bien fixé à Paris en 1815, qu'il en fut banni l'année suivante ! Pourquoi lui eût-on parlé anglais ? Mais, n'anticipons pas sur le paragraphe relatif aux identifications. Nous n'avons voulu donner ici qu'un exemple de mention d'origine libellée d'une manière anormale.

Pour la période de 1796 à 1829, une seule formule-type est à enregistrer ; celle-ci :

V° *Dess* (iné) *au physionotrace et gravé par Quenedey, etc...* (*à diverses adresses nouvelles*).

Nous reviendrons sur cette dernière mention le moment venu ; tenons-nous en quant à présent à celles du temps de la Révolution, c'est-à-dire au groupe des quatre premières.

Les formules I et II : « Dess. par Qd. avec le physionotrace inventé par Ch. » et « Dess. par Qd. gravé par Ch., inv^r du physionotrace », correspondent à l'époque où Quenedey et Chrétien travaillaient de compagnie. La première est employée jusqu'à la cote F 43, la seconde de F 44 à H 30 environ.

Sur les estampes, *elles sont toujours de la main de Chrétien*, dont la graphie est très reconnaissable pour tout œil un peu familiarisé avec l'écriture des deux auteurs du portrait. Et cela va de soi puisqu'alors des deux, c'est lui — Chrétien — qui était le graveur. En se révélant comme tel au public dans la seconde formule, il tint encore (on sait que se sera la préoccupation de toute sa vie) à bien établir qu'il était l'inventeur de l'instrument employé pour obtenir la ressemblance du modèle. Aussi peut-on garantir que ces deux mentions du début sont de son cru comme elles sont de sa main (1).

Avec la formule III tout change. L'écriture n'est plus la même et la rédaction prend une forme qui ne laisse aucun doute sur le pas franchi : « Dessiné et gravé par Quenedey... », porte-t-elle.

Une phase nouvelle s'ouvre donc ; avec elle on entre dans la partie de l'œuvre du portraitiste riceton qui lui est rigoureusement personnelle, dans celle où il devient pour le restant de son existence le graveur de ses propres dessins et qui doit en conséquence nous intéresser principalement.

Cette phase commence exactement le 19 août 1789. Ne lit-on pas, en effet, dans une lettre publiée par le *Journal de Paris* du 24 décembre 1789, lettre émanant de Chrétien lui-même, qu'il avait « gravé tous les portraits de M. Quenedey jusqu'au 18 août

(1) La seconde est celle que Chrétien reprendra, on y ajoutant ses diverses adresses et qu'il conservera toujours, soit avec ses nouveaux collaborateurs : « *Dess. par Fouquet* (ou : *par Fournier*), *gravé par Chrétien, inv. du physionotrace, etc...* », soit seul : « *Dess. et gravé par Chrétien, inv. du phys., etc...* ». Pour reconnaître son écriture, voy. *infra*, p. 140 (portrait et note).

de cette année ». Or le dernier sur lequel nous ayons pu trouver la formule II : « Dessiné par Quenedey, *gravé par Chrétien...* », écrite de la main de Chrétien, porte la cote « H 27 ». Peut-être la même inscription figure-t-elle encore sur les deux ou trois portraits suivants, mais « H 31 » est au moins le premier qui soit donné comme gravé par Quenedey.

Ce solide jalon planté, disons que la formule III marque la transition entre le moment où Quenedey et Chrétien cessèrent leur collaboration et celui où ils commencèrent à se faire concurrence. Cet intervalle s'étend du milieu d'août aux derniers jours de l'an 1789, Chrétien ayant publiquement annoncé sa nouvelle association avec le miniaturiste Fouquet par la lettre précitée du 24 décembre.

Dans cette période pendant laquelle Chrétien avait laissé le champ libre à Quenedey, après l'avoir jugé « assez sûr de ses procédés pour opérer seul », pendant laquelle en somme il lui avait passé la main, le rendant maître de la place, aucune raison n'existait pour notre portraitiste de ne pas donner à son associé de la veille la satisfaction de voir leurs deux noms cités comme précédemment sur les portraits du genre qu'ils faisaient naguère ensemble. Celui-ci trouva pour cela une formule nouvelle imposée par le nouvel état de choses, mais dans laquelle encore — rendant à César ce qui est à César — il reconnaissait au créateur de l'appareil la paternité de son invention : « Dess (iné) et gravé par Quenedey *avec le phys* (*ionotrace*) *de Ch* (*rétien*) » dit en effet cette formule, augmentée *parfois* de l'adresse de l'artiste : « rue Croix-des-Petits-Champs, n° 10 à Paris », dont l'indication particulière n'avait plus aucune raison de déplaire à son ancien collaborateur de Versailles (1).

Pourquoi, pendant les quatre mois et demi durant lesquels il fut le seul éditeur notoire de portraits au physionotrace, Quenedey omit-il de graver sur ses planches des cotes ? Pourquoi entre H 30 et i 20 les estampes sur lesquelles nous avons rencontré les exemples de la formule III (et d'ailleurs aussi quelques autres mentions d'origine rédigées différemment) ne portaient-elles jamais que des cotes manuscrites ? Nous ne saurions répon-

(1) L'adoption et l'emploi, par Quenedey, de cette formule est une nouvelle preuve — à ajouter à celles déjà fournies dans la partie biographique — de l'invraisemblance du grief qu'on lui a fait d'avoir contesté à Chrétien l'invention du Physionotrace.

dre de façon sûre à ces questions. La coupure existe : voilà le fait. Aucune exception n'est venue en détruire la matérialité malgré toutes nos recherches.

Sans perdre de temps à ce léger embarras de chemin, avançons.

Nous voici dans l'année 1790 ; la situation s'est modifiée. L'inventeur du Physionotrace a pris un autre associé, il s'est remis à la gravure de portraits et son nouvel établissement concurrencera bientôt celui que Quenedey dirigeait seul dans Paris depuis le milieu d'août 1789.

Ce dernier va-t-il conserver sur ses ouvrages la même formule qu'auparavant ? Le nom de l'appareil est bon à maintenir sans doute ; il marque une spécialité, il sert d'enseigne : passe pour lui. Mais le nom de l'inventeur, Quenedey le conservera-t-il aussi ? Va-t-il entretenir sur ses propres estampes au profit de ce compétiteur inattendu une réclame pouvant prêter à confusion ? Cela ne se fût plus appelé de la bonté d'âme.

Alors naquit la formule IV : « Dessiné et gravé au physionotrace par Quenedey, rue... n°... à Paris », formule distincte de la précédente en ce qu'il n'y est plus du tout question de Chrétien et que l'adjonction d'une adresse complète devient de règle absolue. Seules les modifications de cette adresse la nuanceront pendant six ans.

Malgré quelques cas d'emploi de cette quatrième formule épars à la fin de 1789 dans le groupe H 30-i 20 aux cotes manuscrites, c'est avec le portrait i 21, le premier sur lequel on voit la cote reparaître en gravure, qu'on peut la considérer comme définitivement adoptée, au début de l'an 1790.

Elle se soutient en effet sans changement avec l'adresse : « rue Croix-des-Petits-Champs n° 10 » jusqu'au portrait P 14, à partir duquel apparaît en décembre 1792 ou en janvier 1793 l'indication des deux numéros de cette même rue « 10 et 81 ». Le n° 81 était vraisemblablement celui d'un atelier ou d'une boutique que Quenedey avait dû louer pour donner dans l'appartement qu'il occupait au n° 10 du large à sa famille augmentée depuis le mois de mars 1792 d'une seconde fille : la jeune Aglaé.

Quelles raisons l'amenèrent ensuite à se transporter au n° 1111 de la cour des Fontaines (aujourd'hui cour de Valois) près du Palais-Royal, ou plutôt alors du « ci-devant Palais-

Royal » qu'on appelait encore aussi le « Palais-Egalité » ? Nous les ignorons. Mais nous pouvons préciser la date à laquelle l'artiste vint s'établir dans cette cour, grâce à deux réclames insérées à sa demande dans les numéros de la *Gazette nationale* ou *Moniteur universel* des 23 nivôse et 24 pluviôse an III (12 janvier et 12 février 1795), où ce changement de domicile est annoncé « pour bientôt ». On peut en conséquence estimer qu'il était chose faite en mars 1795. Or, après un peu de flottement, c'est à partir de la cote Q 56 que l'on voit la mention de cette nouvelle adresse prendre de la fixité, puis persister sur les estampes presque jusqu'au dernier portrait (R 27) que Quenedey fit avant de s'éloigner de Paris un an plus tard.

Celui-ci sortit donc alors de la cour des Fontaines pour aller au bureau des messageries nationales prendre place dans la diligence des Flandres.

⁂

De ce moment, en continuant à suivre notre artiste dans sa carrière, nous n'allons plus être guidés comme dans l'étape que nous venons de parcourir (1788-1796) par une longue chaîne de cotes numériques ; nous savons qu'on ne retrouve plus de celles-ci que pendant un court moment à deux reprises espacées.

Aussi bien pouvons-nous aisément nous en passer pour la dernière mention d'origine dont nous ayons à parler, car la formule de cette inscription (formule V) employée jusqu'à la mort de Quenedey est d'un type unique ne comportant que des variantes d'adresse, savoir :

Dessiné au (ou : *avec le*) *physionotrace et gravé par Quenedey, à Bruxelles* — ou bien : *à Hambourg* — ou bien enfin : *à Paris, rue Neuve-des-Petits-Champs, n° 1284* ou *n° 15.*

On voit que cette formule maintenue en service pendant plus de trente-quatre ans a pris naissance dans la première ville où l'artiste s'était arrêté en quittant Paris.

Il ne nous est passé sous les yeux qu'un petit nombre de ses médaillons exécutés dans le chef-lieu de notre département de la Dyle : en tout, une quinzaine de portraits de gens de Bruxelles.

C'est peu pour une fois, sais-tu.

Sans doute. Ce fut assez cependant pour avoir pu, à côté de ceux où se trouvait reproduite la formule habituelle (formule IV : Dessiné et gravé avec le physionotrace par Quenedey), rencontrer au moins un profil, celui de « M. Cheisbarre », qui fût porteur de la formule nouvelle : « Dessiné avec le physionotrace et gravé par Quenedey... », où trois mots sont seulement changés de place.

Quel Bruxellois d'un esprit plus précis que celui de notre Riceton apprit à ce dernier, après avoir observé en posant devant le Physionotrace le fonctionnement de l'appareil, à traduire avec exactitude les deux opérations que comportait la confection de ses portraits ? Fut-ce M. Cheisbarre ou bien quelque autre de ses concitoyens qui lui fit remarquer qu'il se servait de sa machine pour dessiner et non pour graver ? Nous ne savons ; mais l'observation était si judicieuse que Quenedey ne manqua pas d'en faire son profit et qu'il s'exprima désormais congrument, au moins en français.

Avec lui quittons maintenant Bruxelles, passons à Gand, embarquons-nous à Anvers et par un voilier voguons jusqu'à Hambourg.

On sait qu'il était arrivé dans cette ville dès avant la fin de 1796. La preuve en est fournie par le profil portant la cote « 5 », sur lequel nous relevons à titre de curiosité cette inscription : « E. Quenedey Parisiensis cum Physionotrace del(ineavit) et sculp(sit) Hamburg, d(en) 17 octob(er) 1796 ». Le modèle de ce portrait, Herr « D. I. von Hüene », était sans doute un polyglotte que même le langage macaronique ne pouvait désorienter.

Nous ne connaissons pas plus de figures hambourgeoises que de visages flamands. Sur les quatorze en tout vues par nous entre « 5 » et « 42 », sept (y compris celle de von Hüene) sont accompagnées de la mention : « Dessiné au physionotrace et gravé par Quenedey... ». Cela suffit pour montrer qu'à Hambourg l'emploi de ce libellé correct était sous sa pointe une habitude déjà prise.

Après plusieurs années, l'artiste la rapporta donc d'Allemagne en France lorsqu'il y revint vers septembre 1801. Ce moment nous est garanti par l'avertissement de son « retour de voyage » et de son installation à Paris pour « s'y livrer à nouveau à la gravure et à la peinture des portraits », paru dans le numéro des *Affiches, annonces et avis divers* du 13 vendémiaire an X (5 octobre 1801). A la fin de cette note, Quenedey informe le public qu'il demeure — autre adresse à enchâsser dans la formule V — « rue Neuve-des-Petits-Champs, n° 1284 », vis-à-vis la Trésorerie nationale, explique-t-il de plus, et, ajoutons de nous-mêmes ceci, non loin de son ancienne rue Croix-des-Petits-Champs, avec laquelle il importe d'éviter une confusion de lecture.

Les épreuves de physionotraces portant (dans cette rue Neuve-des-Petits-Champs, où pendant tout le reste de ses jours il gardera le même logement) l'indication du « n° 1284 » sont de rencontre courante et souvent elles sont datées ; nous en avons vu des années 1802, 1803 et 1804.

Ensuite, chose assez singulière, nous n'avons pu découvrir aucune estampe sur laquelle figure expressément la date de 1805 ou celle de 1806. Et c'est un peu dommage ; on va voir pourquoi.

Sur les portraits postérieurs, souvent aussi datés derechef depuis 1807 jusqu'à 1829, une petite variante nouvelle — ce sera la dernière — se remarque en effet dans la mention d'origine : la rue reste la même, mais au lieu du « n° 1284 », c'est le « n° 15 » qu'on trouve indiqué.

Nous avons donné déjà dans la partie biographique la raison de cette légère modification d'adresse. Elle ne correspond pas à un nouveau changement de domicile ; elle provient seulement du nouveau numérotage des maisons de Paris, ordonné par le décret du 15 pluviôse an XIII (4 février 1805).

Les choses ne traînaient pas sous Napoléon Ier. Encore fallait-il le temps de les faire. L'article premier du décret précité portait que cette opération devrait être effectuée dans les trois mois. Sa complète réalisation exigea un délai beaucoup plus long.

Passé février 1805, en quel mois du surplus de cette année et peut-être du courant de l'année suivante, Quenedey vit-il, à la porte de l'immeuble dans lequel il habitait depuis plus de trois ans, la rutilance d'un n° 15 tout neuf remplacer la vétuste grisaille de son ancien n° 1284 ? (1).

Les éléments nous font défaut pour répondre à cette question

---

(1) Lors du numérotage de 1805, les numéros pairs ne furent pas seulement alignés d'un côté de la rue et les numéros impairs de l'autre, comme ils le sont encore ; ces numéros furent de plus peints en rouge dans les rues parallèles à la Seine et en noir dans les rues perpendiculaires au fleuve.

d'une manière précise. *In medio stat virtus.* Le moyen terme semble donc être celui auquel il convient de s'arrêter. En fixant approximativement à l'expiration de l'an 1805 le passage de l'un à l'autre numéro, nous ne nous éloignerons guère sans doute de la vérité. On peut en conséquence, à notre avis, considérer tout physionotrace non daté, dont la mention d'origine porte l'adresse : rue Neuve-des-Petits-Champs, n° 1284, comme ayant été exécuté au plus tard au commencement de 1806 et, à l'inverse, tout physionotrace non daté où se lit le n° 15 de la même rue, comme remontant au plus tôt au second semestre de 1805 (1).

Pendant plus de vingt ans, Quenedey grava d'innombrables portraits à l'ombre de ce n° 15. Sa demeure n'en connut plus d'autre et c'est de l'immeuble ainsi marqué, devant la grille de la Bibliothèque royale, que les restes du vieil artiste, décédé dans sa soixante-quatorzième année, furent conduits au cimetière au milieu de janvier 1830 par ses enfants : Mlle Aglaé Quenedey, M. et Mme Bailly et leur fille, future dame Paulin Richard.

Par les longues explications qui précèdent — trop longues peut-être, pour n'avoir voulu laisser sans justification aucune de nos assertions — le lecteur se sera, nous l'espérons, convaincu de l'importance de tous les détails des inscriptions qui accompagnent les physionotraces pour déterminer l'époque de leur exécution, base essentielle d'un classement méthodique de ces estampes et d'un essai raisonné d'identification des personnages dont elles nous ont conservé les traits.

---

(1) Il existe un portrait (celui de Mme Dufrénoy) portant l'indication du n° 15 et la date de 1803. Cette mention manifestement boiteuse résulte soit d'une correction d'adresse, soit de l'adjonction d'une date approximative, l'une ou l'autre faite plus ou moins longtemps après l'exécution du portrait. Elle est un des exemples d'inexactitude d'une inscription gravée auxquels nous ferons allusion plus loin à propos des identifications.

C. — *Du classement chronologique : méthode à suivre et tableau synoptique*

Résumons-nous.

En somme — et ceci trouvera de nouveau son application plus loin — deux grandes catégories sont à établir dans l'œuvre de Quenedey.

Il y a lieu de distinguer pour le classement de ses portraits :

D'une part, ceux qui appartiennent à la *série cotée* (de 1 à R 27), exécutés par lui de juillet 1788 à mars 1796 ;

D'autre part, tous ceux qu'il fit ensuite depuis avril 1796 jusqu'à la fin de l'année 1829, à l'ensemble desquels on pourrait donner, sous une courte appellation, le nom de *série datée*, bien qu'en réalité les cas d'exception y soient au moins aussi nombreux que les exemples de la règle.

Les portraits de la première catégorie ou de la série cotée ne sont, nous l'avons dit, presque jamais datés. Mais quand par hasard ils le sont, c'est une bonne fortune qui vient fort à propos renforcer l'opinion que leurs cotes s'échelonnent en suivant le calendrier : opinion déjà tirée de l'examen des mentions d'origine, dont nous avons vu chaque changement de forme correspondre à une étape nouvelle dans le temps.

Quelques-unes de ces mentions gravées nous apprennent en effet que le portrait B 78 fut « dessiné le 30 octobre 1788 par Quenedey... » et que C 96 le fut en « décembre 1788 », que K 3 et L 48 ont été faits en 1790, L 96 et M 84 en 1791, O 29 et O 84 en 1792, Q 24 et Q 25 les 22 et 25 juin 1794. N'est-ce pas assez pour démontrer que la suite des cotes n'est nullement arbitraire et qu'elle se lie à la succession des années comprises entre 1788 et 1796 ?

Si l'on réunit aux renseignements de ce genre trop rarement rencontrés certaines précisions recueillies çà et là, on peut arriver à subdiviser *approximativement* année par année les étapes jalonnées par les mentions d'origine, comme nous l'avons fait en tête du tableau synoptique qui va clore ce paragraphe.

En adoptant l'ordre des cotes on est en tous cas assuré de suivre l'ordre chronologique pour les portraits de la première série. Rien n'est donc plus simple ni plus raisonnable que de les ranger ainsi en s'appuyant sur une base ferme, toute différente de l'élément factice qu'est, à des centaines d'exemples, le nom imprécis ou mal écrit du personnage.

Rien de plus simple également, pour les portraits de la seconde série, que de les grouper de même dans l'ordre chronologique et normal en ouvrant des dossiers distincts :

1° Pour ceux de Bruxelles (avril-août 1796) ;

2° Pour ceux d'Allemagne (septembre 1796-septembre 1801) ;

3° Pour ceux de Paris faits sous le Consulat (année par année de 1802 à 1805, sauf à réunir sous la rubrique « 1802-1805 » tous ceux d'entre eux qui, sans date précise, portent seulement l'adresse : rue Neuve-des-Petits-Champs, n° 1284) ;

4° Enfin pour ceux de Paris encore qui furent faits sous l'Empire et sous la Restauration (année par année de 1806 à 1829 et sous la rubrique « 1806-1829 » tous ceux d'entre eux qui, sans date précise, portent seulement l'adresse : rue Neuve-des-Petits-Champs, n° 15 ; une différence manifeste d'aspect permettrait d'ailleurs facilement de séparer dans ce dernier groupe les portraits de l'époque napoléonienne de ceux du temps des Bourbons rétablis sur le trône).

On trouvera dans le tableau récapitulatif qui suit toutes les indications nécessaires pour effectuer un tel classement général. Après avoir lu les paragraphes que nous allons consacrer à la question de l'identification des physionotraces, puis à celle de leur valeur documentaire, on se rendra compte des avantages qu'offrirait pour l'utilisation de l'œuvre de Quenedey cette manière de la présenter dans toute grande collection accessible au public (1).

---

(1) Un mot d'explication sur le Tableau de la page suivante : Les dates portées en face des cotes ne doivent être considérées — nous le répétons — que comme des points de départ *approximatifs.* Il se peut, par exemple, que L 45 ait été fait seulement au début de 1791 ou que L 56 soit encore de la fin de 1790.

Il se peut aussi que l'on trouve, sous certaines cotes, des mentions d'adresse différentes de celles que nous indiquons ; ces dernières sont celles que l'on rencontre habituellement dans l'intervalle des deux cotes données, voilà tout.

Ce Tableau n'est qu'un guide. C'est *la règle générale* seule qu'il présente en raccourci. Nous n'avons pas pu songer à y faire rentrer *les exceptions,* pas plus qu'à donner par le menu, à la page précédente, les précisions diverses que nous avons utilisées pour le dresser tel qu'il est.

TABLEAU SYNOPTIQUE ET CHRONOLOGIQUE

des mentions gravées sur les portraits au physionotrace de Quenedey

De 1 : juillet 1788 (B 80 : *fin octobre 1788*) (D 1 : *janvier 1789*) à H 30 : 18 août 1789	Quenedey dessine, Chrétien grave : « *Dess. p. Qd. avec le phys. inv. p. Ch.* » (de 1 à F 43) puis : « *Dess. p. Qd. gr. p. Ch. inv. du phys.* » (de F 44 à H 30)
De *H 31* : 19 août 1789 [*cotes manuscrites*] à *I 20* : fin déc. 1789	Quenedey dessine et grave : Chrétien se désintéresse provisoirement des physionotraces : « *Dess. et gravé par Qd. avec le phys. de Ch.* » et quelque fois déjà : « *Dess. et gravé avec le phys. par Qd , rue Croix-des-Petits-Champs, n° 10, à Paris.* »
De I 21 : janvier 1790 (L 51 : *janvier 1791*) (O 1 . *janvier 1792*) à P 13 : fin déc. 1792	Chrétien a repris la portraiture avec Fouquet ; Quenedey travaille seul de son côté : « *Dess. et gravé avec le physionotrace par Quenedey, rue Croix-des-Petits-Champs, n° 10...* »
De P 14 : janvier 1793 (Q 1 : *janvier 1794*) à Q 55 : fin février 1795	Quenedey a deux adresses dans la même rue : « *Dess. et gravé avec le physionotrace par Quenedey, rue Croix-des-Petits-Champs, n°s 10 et 81...* »
De Q 56 : mars 1795 à R 27 : mars 1796	Quenedey a changé de domicile à Paris : « *Dess. et gravé avec le phys. par Quenedey, Cour des Fontaines, n° 1111, au ci-devant Palais-Royal.* »
Du mois d'avril 1796 au mois d'août 1796	Quenedey s'est éloigné de Paris : « *Dess. au physionotrace et gravé par Quenedey, à Bruxelles.* »
Du mois de sept. 1796 au mois de sept. 1801	Quenedey a quitté la France ; il exerce en Allemagne : « *Dess. au physionotrace et gravé par Quenedey à Hambourg.* »
Du mois d'octobre 1801 à la fin de décembre 1805	Revenu à Paris, Quenedey s'est réinstallé à une nouvelle adresse : « *Dess. au physionotrace et gravé par Quenedey, rue Neuve-des-Petits-Champs, n° 1284...* »
Du mois de janvier 1806 à la fin de l'année 1829	Sans avoir changé de domicile, Quenedey a un nouveau numéro de maison : « *Dess. au physionotrace et gravé par Quenedey, rue Neuve-des-Petits-Champs, n° 15, à Paris.* »

(N. B.). — *Voir, relativement à ce Tableau, la note explicative de la page précédente.*

§ 3

De l'identification des physionotraces de Quenedey

Qu'il soit fait au pinceau, au crayon ou au burin le portrait est en art une image, qui tire son principal intérêt de l'individualité du modèle.

Pour les portraits imprimés, plus peut-être que pour les autres, la possibilité de mettre un nom sur la figure donne immédiatement à celle-ci un attrait qu'elle n'eût pas pris sans cela, même si ce nom ne nous rappelle qu'un vague souvenir, même s'il ne nous rémémore rien. C'est un fait indéniable de pure psychologie. Un médiocre portrait dénommé peut retenir davantage l'attention qu'un bon portrait anonyme.

On se défend mal en tous cas contre le désir d'apprendre quelle personne nous est montrée par une ancienne gravure, lorsqu'on sait qu'elle ne représente pas une effigie de convention mais des traits que la vie anima réellement.

Telle est de toute évidence l'impression produite par les physionotraces tant on les sent « calqués sur la nature ». Nul amateur ne saurait en regarder une épreuve sans poser au sujet la question : Qui étais-tu ?

L'absence de réponse écrite cause une petite déception et dans un album on passe vite à l'image suivante.

Une indication de nom, si imprécise, disons même si incertaine qu'elle soit, qu'on la voie gravée sur l'estampe ou qu'on l'y trouve simplement rapportée à la plume, voire au crayon, laisse au contraire l'esprit en repos et le personnage dont on ne sait rien de plus y gagne au moins un moment d'observation.

Nous voici donc amenés à reparler de la « mention nominative » *inscrite en gravure* sur certaines épreuves de physionotraces, mention que nous avons seulement signalée précédemment.

A l'égard des portraits dont les épreuves sont par elles-mêmes anonymes, nous aurons ensuite à envisager les attributions de nom fournies par le « catalogue de Quenedey », puis enfin à dire un mot des figures mystérieuses qui n'ont pas encore livré leur secret.

A. — *De la mention nominative*

Cette sorte d'inscription se rencontre rarement à toutes les époques sur les estampes de Quenedey, avons-nous dit.

Elle n'était en effet portée sur la planche qu'à la demande de quelqu'un. Le portraitiste ne pouvait prendre, comme pour sa cote numérique ou pour son adresse personnelle, l'initiative d'une mention évidemment destinée à entretenir dans la famille ou parmi les amis du personnage représenté, outre le souvenir de son individualité, celui d'une place qu'il occupait au moment de l'exécution du portrait ou qu'il s'honorait d'avoir antérieurement occupée, d'un rôle qu'il venait de jouer, etc..., forme sous laquelle cette mention apparaît presque toujours et d'ailleurs uniquement sur des portraits masculins.

Pour être gravées, il fallait bien que ces indications spéciales fussent fournies au graveur. Il les traduisait ensuite plus ou moins explicitement.

Les compléments ajoutés d'ordinaire au nom propre sont en conséquence : un titre de noblesse ou d'emploi, une précision biographique (la date de naissance ou l'âge à l'époque du portrait), un rappel de mandat électif obtenu ou de mission confiée. Parfois, mais en l'occurence ce pouvait être du fait du graveur, l'année de la confection du portrait se lit aussi par surcroît.

Ainsi savons-nous par des mentions de ce genre, choisies à diverses époques, que tels portraits de Quenedey représentent : « H. N. E. Gouget, avocat au Parlement de Dijon » (B 57) ou « M^r^ le Mis de Ferrière, député de Saumur à l'Assemblée Nationale de 1789 » (i 39) ; tels autres : « Mr Dolle, lieutenant-colonel de la garde nationale de Grenoble, commandant de la confédération du 11 avril 1790 » (K 71) ou « J. Mandrillon, fidèle ami des patriotes hollandais » (L 30), ou « J. de Witt, ætatis 25. 1790 » (L 38) ; que d'autres encore nous montrent : « Mathieu Deplace, Electeur en 1789 » (N 96), « Doppet, député de l'Assemblée des Allobroges auprès de la Convention » (O 79), « Venance-Dougados, membre de plusieurs académies, né à Carcassonne » (P 43), « E. Th. Simon de Troyes » (1810), « Victor de Biliotti, auditeur au Conseil d'Etat » (1812), « Albeniz, professeur de piano à Paris » (1828), etc. (1).

(1) La mention nominative n'a pas d'emplacement fixe. Le plus souvent on la lit horizontalement sous le médaillon ; mais on la trouve également inscrite circulairement au-dessus de celui-ci, surtout à l'époque de la Révolution. A la même époque, Chrétien, plus habile graveur en lettres que Quenedey, paraît avoir entouré plus fréquemment ses portraits du nom de leur personnage.

On peut également faire rentrer dans les mentions nominatives certaines inscriptions sans nom.

Les physionotraces, nous l'avons rappelé plus d'une fois, étaient par essence des portraits intimes appelés à n'être distribués qu'à des personnes avec lesquelles le modèle avait des relations de parenté ou de connaissance, à qui par conséquent ses traits étaient familiers. Parfois donc il ne jugea pas nécessaire, ou d'autres à sa place n'estimèrent pas utile de faire graver son nom à côté d'indications particulières, estimant qu'à la seule vue du profil les destinataires reconnaîtraient l'intéressé.

Ce n'est plus le cas pour nous aujourd'hui ; mais lorsque le renseignement fourni est précis, il peut nous suffire pour identifier le portrait ou tout au moins pour aiguiller nos recherches sur une bonne voie.

N'eussions-nous eu pour nous guider que cette unique mention du portrait L 48 : « Maire 1er de Reims. 28 février 1790 », nous aurions facilement découvert qu'il s'agit certainement de Jean-François Pierret, à qui échut à cette date la première écharpe municipale octroyée par le vote des électeurs de la grande cité champenoise.

Quelque sûres qu'elles paraissent à première vue les indications des mentions nominatives doivent être passées au crible de la critique d'interprétation. De même que pour tout texte sur lequel on veut s'appuyer, il convient de se demander dans quelle mesure le leur peut être accepté comme vrai ; et cela pour la raison principale que voici.

Les mentions nominatives sont de deux sortes.

Il y a celles que toutes les apparences désignent comme étant contemporaines de la confection du portrait : ce sont les plus certaines.

En second lieu, il y a celles qui ont été ajoutées après coup, assez longtemps après la gravure de la planche initiale, selon le désir d'un descendant ou d'un collatéral : ces dernières ont une valeur documentaire moindre que les précédentes. Beaucoup de souvenirs familiaux deviennent vite approximatifs ; d'autres, quoique restés fidèles, ne sont pas toujours traduits avec exactitude. Il importe donc de ne pas accepter sans contrôle toutes les indications des inscriptions plus récentes que le portrait lui-même.

A quels signes reconnaître ces inscriptions-ci des autres ? Il n'y a pas de critérium ; tous les cas sont des cas d'espèce. Ici un œil exercé verra la différence dans la graphie ; là un esprit critique la sentira dans la rédaction.

Si elles peuvent être exceptionnellement un peu sujettes à caution quant à la précision de certains détails, il va de soi que les mentions nominatives gravées constituent pour les identifications la plus solide des bases. Par elles on est assuré de ne pas faire complètement fausse route dans la recherche de la véritable individualité du personnage.

Malheureusement, elles sont en nombre très restreint sur les physionotraces de Quenedey. Sur les dix-huit cents portraits de sa série cotée (1788-1796), une quarantaine seulement portent de telles mentions, soit moins de trois pour cent. Cette proportion serait encore plus faible pour la réunion de tous ceux exécutés de 1796 à 1829.

Maintenant, comment savoir qui nous est montré par une estampe de physionotrace dépourvue de tout nom gravé ?

De deux choses l'une :

Ou bien l'épreuve porte une des cotes de la série 1 à R 27, avec ou sans l'une des inscriptions de la période révolutionnaire que nous connaissons ;

Ou bien, indépendamment de toute autre marque, cette épreuve porte une mention d'exécution à Bruxelles, à Hambourg ou à Paris, rue Neuve-des-Petits-Champs, n° 1284 ou n° 15.

Pour les estampes de la première catégorie, il existe un répertoire onomastique qu'il suffit de consulter ; en regard de la cote on y trouvera presque toujours un nom de personne ; la question ne présente donc pas de difficulté, au moins en apparence.

Pour les estampes de la seconde catégorie, aucun relevé général de noms n'ayant été fait, le problème de la connaissance du modèle ne se résout pas aussi facilement.

Abordons pour commencer l'examen du répertoire que l'on est convenu d'appeler, depuis sa publication sous ce titre, « *le catalogue original des portraits au physionotrace de Quenedey* », bien qu'il concerne seulement ceux des huit premières années de la carrière de l'artiste, à l'époque de la Révolution, c'est-à-dire les dix-huit cents portraits de la série cotée.

B. — *Du catalogue des portraits au physionotrace dessinés ou gravés par Quenedey de* 1788 *à* 1796

L'index dont il s'agit a une histoire sur laquelle est venue se greffer une légende.

C'est pourquoi les mots : « catalogue original » ne sont pas reproduits dans le titre qui précède.

A propos des grandes collections de physionotraces, nous avons déjà raconté par bribes une partie de l'histoire de ce catalogue, celle de ses changements de main. Groupons brièvement ces indications lointaines.

M. Paulin Richard, autrefois conservateur à la Bibliothèque nationale, marié à une petite-fille de Quenedey, possédait le répertoire en question. L'historien Renouvier et l'iconophile Soliman Lieutaud le consultèrent chez lui pour leurs ouvrages. Les Goncourt et Vignères avaient aussi connu son existence. Marchand de gravures et collectionneur passionné, ce dernier n'oublia pas de se le faire remettre lorsqu'il acheta presque tout le fond d'atelier du portraitiste vers 1873.

D'après un renseignement que nous empruntons à l'*Intermédiaire des chercheurs et des curieux,* Vignères aurait jalousement gardé ce catalogue unique, refusant impitoyablement de le communiquer aux amateurs tant qu'il vécut. Edmond de Goncourt le rechercha jusqu'aux Riceys et ne parvint pas en effet à savoir ce qu'il était devenu, malgré les rapports que son frère Jules et lui entretenaient de longue date avec cet expert (1).

En mai 1887, à une vente des cartons de Vignères, M. Albert Christophle, gouverneur du Crédit Foncier, acquit le document avec un lot très important de physionotraces. Plus libéral que son prédécesseur, le nouveau propriétaire voulut bien autoriser l'impression du catalogue dans l'*Intermédiaire* en février 1892 et aussitôt après, par l'entremise de M. Georges Caïn, alors con-

---

(1) Cf. ED. DE GONCOURT. *La maison d'un artiste,* Paris, 1881 (II, p. 161) et *Journal des Goncourt* (12 août 1878 et 14 avril 1884). Après la mort de J.-E. Vignères (1812-1884), son fonds considérable d'estampes (21, rue de la Monnaie) fut dispersé aux enchères par fractions ; en décembre 1888, on annonçait encore la 26e vente Vignères. Les cartons de l'érudit libraire et collectionneur de portraits S. Lieutaud (1795-1879) avaient été vendus en mai 1881.

servateur du Musée Carnavalet, il en offrit généreusement le manuscrit à la Ville de Paris pour sa bibliothèque urbaine.

C'est donc l'Institut d'histoire et de géographie de la rue de Sévigné qui détient la pièce actuellement ; elle s'y retrouve au voisinage de la collection des six cents physionotraces acquis à la vente Vignères dont le Musée Carnavalet, dans un hôtel contigu, assure de son côté la conservation.

Que possède à la vérité cette bibliothèque ? En quoi consiste ce manuscrit ?

C'est ici qu'intervient la légende.

Ecoutons à nouveau l'*Intermédiaire.* Sa publication de 1892 a rendu un grand service ; ce point est hors de tout conteste, nous ne saurions trop le répéter, mais ce n'est pas celui qui est en cause pour l'instant. Il s'agit de la manière dont cette publication fut présentée.

« La liste des portraits de Quenedey que nous publions —
« dit textuellement notre auteur — est renfermée dans un agen-
« da de 57 pages, couvert en parchemin à recouvrements, avec
« attaches et poches intérieures. Cet agenda porte sur la garde
« la signature de Quenedey, huit fois répétée, des chiffres, des
« additions et des notes autographes, relatifs à des rendez-vous
« de pose, sans intérêt. Les noms divisés en séries de cent,
« portant chacune une lettre de l'alphabet, se succèdent en
« colonnes avec la lettre en réclame courante et les numéros
« en marge, la plupart soulignés à l'encre rouge de un ou deux
« traits, quelques-uns marqués d'une croix, d'autres effacés,
« toutes annotations paraissant se rapporter à la comptabilité
« de l'artiste. Nous avons pu constater que beaucoup de ces
« noms étaient mal orthographiés, mais nous avons cru devoir
« respecter scrupuleusement *les indications données par le pro-*
« *pre carnet de Quenedey* et nous les imprimons tels quels ».

Ailleurs, de la même source, dans l'Introduction d'un tirage à très petit nombre de la même liste de noms, on lit en outre ceci :

« ... Vignères acquit de la famille de cet artiste toutes les
« épreuves de portraits qui restaient et surtout en obtint *le*
« *répertoire qu'avait composé Quenedey pour le catalogue de*

« *son œuvre. C'est ce manuscrit original que nous publions....*
« C'est un agenda de 57 pages, etc... (comme ci-dessus) » (1).

Qui n'estimerait au vu d'une pareille description qu'elle se rapporte à un agenda provenant tout entier de Quenedey, tenu par lui, couvert de son écriture, d'un catalogue dressé de sa main, d'un document autographe et, comme il est dit, « original » ?

Longtemps nous l'avons cru dur comme fer. Puis un jour en poursuivant nos recherches, à quelque tournant de notre étude, un doute nous est venu, et comme saint Thomas nous avons voulu voir.

Nous avons alors eu le regret de constater que le précieux répertoire signalé n'avait, à tout prendre, rien d'original. Il est toujours pénible de perdre une illusion.

Que vîmes-nous donc à l'Institut d'histoire de la Ville de Paris, sous le document : FGms 505, obligeamment mis à notre disposition ?

La carcasse d'un vieux carnet de fabrication personnelle et non commerciale, au carton recouvert en effet d'un parchemin portant les traces de l'acte anciennement écrit sur la peau, avec une partie couvrante et un reste de la lanière de cuir qui servait à la fermeture du carnet. De poches intérieures, point ; celles qui semblent exister sont formées par l'interstice bâillant plus ou moins entre le parchemin et le carton décortiqué.

Fermée, cette ancienne couverture oblongue mesure vingt-et-un centimètres de hauteur sur huit de largeur.

A même le carton, du côté gauche, figure, entre des additions, un groupe de sept ou huit « Quenedey » tracés d'une main qui paraît s'être essayée à trouver un type de signature. Le côté droit porte diverses mentions dont les indications démontrent à nos yeux prévenus qu'elles datent de la fin de 1788 et des premiers mois de 1789. Plusieurs d'entre elles (les rendez-vous

---

(1) *Intermédiaire*... (n° du 10 février 1892, col. 153) : « Le catalogue original des portraits au physionotrace de Quenedey » (préambule) — *Catalogue des portraits au physionotrace de Quenedey, publié d'après le manuscrit original donné à la Bibliothèque de la Ville de Paris, par M. Albert Christophle ;* Paris, 1892 [petit in-4° de 52 pages, tiré à *quatre* exemplaires, pour M. A. Ch...] (Introduction). La Bibl. de l'Institut d'histoire... possède l'exemplaire n° 3, offert par M. A. Ch... (*R. 168, n° 550.620*).

de pose de M. de Corancey et de M. de Courteilles notamment) ne sont pas de l'écriture de l'artiste. De la sienne on lit seulement ce détail domestique : « prier le frotteur le 7 aoust » et cette note prise d'une commande : « F 43 — 25 et une contre-« épreuve sur velin, Mr Rovel, hôtel de Flamarin, rue de l'Oran-« gerie ».

C'est là tout ce qui porte la marque personnelle de Quenedey, tout ce qui provient certainement de lui.

A l'intérieur de cette vieille enveloppe cartonnée, veuve de son contenu primitif, flotte un petit cahier des mêmes dimensions (21 cm./8 cm.), comprenant 29 feuillets en papier blanc, d'un aspect et d'un grain qui sont d'une époque postérieure à l'existence de Quenedey. Sauf la dernière, toutes les pages de ce cahier, assez lourdement réglées au crayon, sont couvertes de simples noms de personnes écrits par une main féminine, à n'en pouvoir douter, en face de nombres allant de 1 à 100 au plus, sous chacune des lettres de l'alphabet de A à R.

Presque tous ces noms sont soulignés à la diable (au point de sembler parfois raturés et de n'être plus qu'assez difficilement lisibles), de traits ou de doubles traits à l'encre rouge le plus souvent, d'une apposition visiblement plus récente que l'écriture des noms propres et que celle des petites croix à l'encre noire dont environ deux cents d'entre eux sont précédés ou suivis.

Dans sa forme matérielle, « le catalogue original de Quenedey », le voilà. *Amicus Plato, sed magis amica veritas.*

Est-il à penser après cela que cette sèche nomenclature puisse avoir été l'ouvrage de l'artiste et que celui-ci l'ait établie de la sorte en vue d'une classification sérieuse de son œuvre, en admettant même que le manuscrit détenu par l'Institut d'histoire de la Ville de Paris ne soit qu'une copie d'un relevé antérieurement fait par Quenedey lui-même ? Il faudrait pour le croire posséder un don d'imagination dont l'historien doit laisser la palme au chroniqueur.

Mais alors, qui rédigea ce catalogue squelettique ? A l'aide de quels renseignements échappés à la destruction ?

L'hypothèse la plus vraisemblable est, à notre avis, la suivante.

Le répertoire du cahier renfermé dans l'objet de souvenir intime qu'était la couverture du carnet longtemps porté par

Quenedey, ce répertoire écrit d'une main de femme après sa mort, doit avoir été dressé par l'une de ses filles ou plus probablement encore par sa petite-fille, Mme Paulin Richard, à l'occasion de quelque mise en ordre de toutes les épreuves provenant de l'atelier du portraitiste.

Pour celles de ces épreuves qu'une cote numérique matriculait, le nom de la personne aurait été relevé une fois pour toutes et enregistré sur le cahier, d'après la mention inscrite sur l'exemplaire du magasin, conservé à titre de référence commerciale, lorsque ce nom put être ainsi retrouvé, car nombre de cotes manquent au catalogue ou sont anonymes. Et cela pourquoi ? Sans doute afin de n'avoir plus à prendre la peine de recopier ce même nom sur chaque estampe semblable, comme il était au contraire nécessaire de le faire pour individualiser les nombreux portraits non cotés et pour distinguer les épreuves de ceux-ci, souvent susceptibles d'être confondues en raison d'une certaine analogie d'aspect après quelque dérangement.

Travail exécuté d'ailleurs de façon très sommaire, sans recherche d'une attribution sûre, sans préoccupation d'un contrôle rigoureux du nom rencontré. A telle enseigne, par exemple, que pour le portrait F 43 — le seul, nous l'avons indiqué plus haut, dont il soit fait mention de la main de Quenedey sur la couverture de son carnet, en ces termes : « Mr Rovel, hôtel de Flamarin, rue de l'Orangerie » — on lit simplement et par erreur sur le catalogue manuscrit : Mr de Borel. Ce fut vraiment jouer de malchance. A telle enseigne encore que ce catalogue ne reproduit pas, comme il eût convenu pour plus de précision, les renseignements complémentaires fournis par des mentions nominatives gravées dès l'origine sur la planche dans l'atelier même de Quenedey et visibles sur les épreuves.

Nous ne sommes pas parvenus à trouver une explication justifiable de tous les soulignements qui maculent le manuscrit. Nous supposons seulement qu'ils correspondent à des marques hâtivement faites au moment de l'inventaire du stock d'épreuves vendu à Vignères ou pour la composition des lots mis aux enchères lors de la dispersion des cartons de cet expert décédé.

Quant aux petites croix qu'on y voit en face de quelque deux cents noms, nous croyons qu'elles se rapportent à un choix d'épreuves opéré chez M. Paulin Richard par Soliman Lieutaud. Les physionotraces ainsi désignés sont en effet, parmi ceux de

Quenedey, à peu près les seuls dont il soit fait mention dans les publications iconographiques de cet auteur, notamment dans ses *Listes de portraits* (celle des députés à l'Assemblée nationale de 1789 ou celles de personnages nés en Lorraine et en Champagne) parues de 1852 à 1856. Parmi les estampes provenant de sa collection, reconnaissables à la marque *S. L.*, ils sont, d'autre part, ceux que l'on rencontre en nombre le plus important.

Quelle conclusion tirer de là ?

Que peu de fond serait à faire sur les dénominations énumerées au répertoire ? En aucune façon. Nous avons pu vérifier que la grande majorité de ces dénominations méritent créance ; elles concordent avec des précisions obtenues d'autre manière.

Pour n'être pas un document « original », rédigé par Quenedey lui-même ou sous son inspiration et son contrôle, le manuscrit de l'Institut d'histoire de la Ville de Paris, émanant de la famille de l'artiste, dressé par quelque descendant direct, n'en demeure pas moins, malgré ses imperfections et son laconisme, le document initial, le document-type auquel il convient de remonter toujours pour les renseignements à puiser, comme au réservoir le plus proche de la source.

Il importe seulement d'appliquer aux indications succinctes de ce document, qui déjà n'est pas un document de première main, les règles de la critique de restitution et d'interprétation des textes plus sévèrement encore qu'aux « mentions nominatives » gravées après coup sur les planches de portraits.

A fortiori doit-il en être ainsi pour les noms empruntés à des transcriptions du répertoire en question, dans lesquelles des erreurs nouvelles viennent s'ajouter presque inévitablement à celles de la copie prise pour modèle (1).

---

(1) Les listes de l'*Intermédiaire* n'ont été imprimées que d'après une copie du manuscrit de M. Christophle : le cahier de ce manuscrit ne pouvait être remis aux typographes. Si soigneusement qu'elle ait été collationnée, cette copie renferme déjà quelques fautes de lecture. C'est ainsi, pour relever seulement la principale, que les noms suivants doivent être attribués par correction aux cotes que nous donnons ici : N 85, M. de Noël ; N 85 *bis*, M. Deshacquets ; N 86, M. Boué (de Bordeaux) . N 87, M. Kertzog (id.) ; N 88, d'Engui (id.) ; N 89, Mme de Caze. Le manuscrit porte à l'endroit de ces noms des ratures et des surcharges de chiffres qui rendent le passage assez obscur.

Autre chose. Des copies du répertoire ont été faites à la main, d'après les listes imprimées de l'*Intermédiaire*, pour la Bibliothèque nat[le] (Yc, 247) et pour le Musée Carnavalet. Or, sur ces deux copies,

C. — *Des portraits au physionotrace dessinés et gravés par Quenedey de 1796 à 1829 — Possibilité d'un dresser un répertoire analogue à celui de la période antérieure*

De la série cotée n'embrassant que l'époque de la Révolution, passons à la série des portraits assez souvent datés qui englobe tout le reste de l'œuvre de notre artiste de 1796 à 1829, depuis les débuts du Directoire jusqu'à la fin de la Restauration.

Une supposition : On possède une épreuve ne portant *rien d'autre* que cette mention d'origine inscrite sous le médaillon : « Dessiné au physionotrace et gravé par Quenedey, rue Neuve-des-Petits-Champs, n° 1284, à Paris ». De qui a-t-on sous les yeux l'image ?

Pour courir la chance de le savoir, il n'est guère d'autre moyen pratique, quant à présent, que d'aller compulser une grande collection, celle de la Bibliothèque nationale par exemple, d'examiner feuille par feuille les albums des portraits dénommés, jusqu'à la rencontre possible d'une épreuve semblable à celle que l'on tient et de prendre note alors du nom inscrit sur la feuille supportant l'estampe.

C'est un travail de patience qui peut aussi ne pas recevoir sa récompense au cours des vingt-huit albums parcourus et de la comparaison de leurs milliers d'effigies avec celle de la figure à identifier.

Inutile d'insister sur le temps gagné par le chercheur s'il n'avait eu qu'à voir le dossier ou l'album des portraits non datés portant l'adresse marquée du n° 1284, établi comme nous le proposions plus haut.

Mais l'épreuve-sosie ayant été trouvée, d'où vient le nom qui l'accompagne ? Où l'a-t-on pris ?

Si l'estampe de la Bibliothèque nationale n'est pas elle-même, par hasard, une épreuve de référence jadis conservée par Quenedey, le nom indiqué sera presque toujours la transcription

---

nous avons pu constater que le nom de *Xrouet* (C 67-69) s'était mué en celui moins étrange d'*Yronet*. Un copiste de nos jours pouvait ne pas connaître un libraire parisien du XVIIIe siècle, homonyme de l'artiste de Sèvres qui découvrit « le rose Pompadour », mais ce n'était pas une raison pour le débaptiser ! Nous pourrions citer bien d'autres déformations ; le manuscrit primitif en fournit tout le premier des exemples : le duc d'Avray, pour le duc d'Havré et Kokiovskorn, pour Kosciusko, etc.

faite peut-être par Mme Paulin Richard, peut-être par un commis de Vignères, de celui que portait cette épreuve-type passée on ne sait où.

De même en est-il en principe d'un portrait acheté dans le commerce avec un nom manuscrit, à moins que ce nom ait été emprunté par similitude de l'image à l'exemplaire de la Bibliothèque nationale ou à un autre exemplaire dénommé rencontré ailleurs. La valeur de la mention dépend dans ces derniers cas de la sincérité avec laquelle elle a été recopiée et maintenue.

Un relevé nominatif des physionotraces de Quenedey, postérieurs à 1796, pourrait donc être entrepris. Son mode de confection ne s'éloignerait pas beaucoup de celui qui a été suivi pour dresser le répertoire de la période antérieure. Les erreurs ne risqueraient guère d'y figurer en nombre beaucoup plus élevé que dans celui de la série cotée, à la condition d'établir ce second répertoire en s'aidant d'indications puisées aux sources les moins polluées.

Dressé par ordre alphabétique de noms, faute d'une suite de cotes numériques analogue à celle qui sert de base au catalogue existant pour la période de 1788 à 1796, ce catalogue complémentaire procurerait aux amateurs et aux érudits un instrument de recherches dont la précision moindre serait compensée par une facilité de consultation que le premier répertoire n'offre pas toujours (1).

Lorsqu'on les rencontre écrits à la main sur des épreuves de portraits de cette seconde série, les noms de personnages doivent être contrôlés aussi sérieusement (peut-être même doivent-ils l'être davantage) que ceux de la série précédente, pour arriver à une exacte identification des modèles.

On conçoit qu'un simple nom ne saurait toujours suffire à fixer celle-ci. Rapprocher de ce nom (qui peut être le même que celui d'un fils, d'un frère ou d'un neveu) la date approximative de la confection du portrait, constater la concordance entre l'âge qu'accuse la figure (souvent rajeunie) et l'âge qu'avait le

(1) Peut-être, à leur intention et comme Essai, pourrons-nous déjà — nous le souhaitons — publier notre liste nominative de ces portraits de Quenedey (voire celle de ceux de Chrétien), dont l'établissement préalable nous a permis de dégager quelques-unes des idées générales exposées dans cette étude et dans la précédente.

sujet présumé à l'époque de l'exécution de l'image, sont les premières vérifications à faire avant de s'engager plus à fond dans les ouvrages biographiques ou dans les papiers de famille pour y chercher d'autres renseignements sur la personne.

Nous nous en tiendrons au rappel général de ces précautions essentielles. Elles ne laissent pas que de soulever plus d'une fois devant le portrait des petits problèmes dont la solution n'apparait point aussi vite que pourrait le donner à penser la découverte du nom du personnage, même lorsque ce personnage eut quelque notoriété, ainsi que le cas — nous allons le voir tout à l'heure — se présente fréquemment.

⁂

Pour ce qui est enfin des portraits demeurés jusqu'alors anonymes, on ne peut guère espérer en dévoiler le mystère qu'à la faveur d'une bonne fortune : celle de rencontrer des correspondants qui veuillent bien signaler les épreuves conservées dans les familles, dans les bibliothèques ou dans les musées de province, relever les mentions que portent ces épreuves et recueillir tous les souvenirs qui subsistent sur le parent ou sur la personne dont il est certain ou dont on a lieu de croire que le médaillon reproduit l'image.

De tels concours obligeants, on en trouve ; il suffit d'y faire appel. Nous en parlons savamment, non sans reconnaissance, pour avoir pu grâce à eux mettre un nom sur quelques profils non encore identifiés et de plus enregistrer l'existence d'un certain nombre d'effigies de gens distingués dessinées et gravées par Quenedey, dont aucune épreuve ne figure dans les grandes collections de ses ouvrages.

§ 4

De l'intérêt documentaire des physionotraces de Quenedey

A leur mérite artistique, les physionotraces ajoutent un autre intérêt et celui-ci n'est pas à nos yeux le moindre.

Il réside dans leur valeur documentaire.

Or nul groupe iconographique provenant d'une même source n'est à la fois plus riche par le nombre de ses planches, plus varié dans l'origine de ses sujets, plus précieux par l'exactitude de ses reproductions que le recueil des milliers de portraits de Quenedey.

Personnages politiques, membres des assemblées parlementaires, hommes de lettres ou de science, gens d'épée, de robe ou de finance, dignitaires ecclésiastiques, nobles de race et bourgeois parvenus, musiciens en vogue, actrices en faveur, grandes dames et femmes à la mode, étrangers de marque de toutes nationalités voisinent dans son œuvre au hasard de la date à laquelle, sans autre dessein que celui de pouvoir offrir leur « ressemblance » en présent à leurs proches ou à des amis, ces clients de passage vinrent poser un instant chez lui devant l'appareil imaginé par Chrétien.

Les quelques centaines de portraits réunis en collection sous le nom de ce dernier — Chrétien en grava bien davantage, plusieurs milliers aussi vraisemblablement — présentent dans leur essence la même diversité que les effigies dues à Quenedey.

Feuilleter les albums de ces minuscules estampes c'est, au résumé, passer en revue une partie de la société de Paris sous la Révolution, le Consulat et l'Empire, de celle qui apparaît dans la grande histoire et plus encore de celle dont la chronique et les Mémoires du temps nous racontent les petites histoires ; c'est voir défiler les vrais visages de nombre de gens qu'à ces époques on eût pu coudoyer dans des salons de la rue Saint-Honoré, ou croiser en chemin dans cette « longue et palpitante artère du sang parisien » (la rue de Rivoli n'existant pas encore), ou suivre à la promenade dans le jardin du ci-devant Palais-Royal, enfin rencontrer aux spectacles où l'on applaudissait les tirades emphatiques de Larive, les notes mélodieuses de Mme de Saint Huberty ou les jetés battus du « Diou de la danze », Vestris fils, trois des vedettes théâtrales dont s'enorgueillit à diverses dates la devanture du magasin de Quenedey.

En règle générale, les personnes qui se faisaient alors portraicturer chez lui ou chez Chrétien n'étaient pas les premières venues. On le constate par celles dont les profils sont identifiés. De ces personnes, beaucoup occupaient une charge importante, un emploi en vue, tenaient un certain rang à la ville et même à la cour ; d'autres avaient obtenu quelque succès, fait quelque bruit, eu quelque aventure ; bref, elles appartenaient à cette sélection extrêmement bigarrée dont s'est toujours composé « le monde » de la capitale : c'est en cela que le rapprochement de leurs images forme un curieux tableau de société.

A partir de 1820, sous la Restauration, la clientèle qui achalandait l'atelier de Quenedey ne fut plus la même ; son niveau social avait baissé ; elle se recrutait surtout dans la classe moyenne à Paris ou parmi des retardataires venus de leur province. Le beau temps des physionotraces était passé ; ils trouvaient encore preneurs, mais ils n'étaient plus « à la mode » ; les gens en place ou de qualité s'en désintéressaient depuis qu'on en faisait pour le monde des boutiques. Les portraits de cette période ne présentent donc plus pour la plupart le même caractère instructif que ceux des époques antérieures, comme d'autre part ils n'offrent plus, on s'en souvient, le même aspect artistique.

Si riche que soit la mine des physionotraces, elle n'a guère été exploitée jusqu'à présent qu'au profit de l'histoire générale, de l'histoire politique principalement. Dans d'autres branches : histoire de la littérature, du théâtre ou de la musique, histoire locale, histoire familiale, etc., elle pourrait cependant procurer aux chercheurs l'occasion d'heureuses trouvailles pour illustrer leurs études ou leurs monographies, si les ressources en étaient mieux connues.

C'est pour permettre d'agrandir le champ de ces découvertes que nous nous sommes efforcé de donner dans notre travail le plus possible de précisions utilisables.

Les auteurs qui, traitant de la gravure au dix-huitième siècle, ont quelque peu parlé des ouvrages laissés par Quenedey et par Chrétien, s'inspirent tous visiblement de ce que Renouvier, dans son *Histoire de l'art sous la Révolution,* en avait dit, sans se mettre en grands frais de recherches, d'après quelques indications recueillies près du bibliothécaire Paulin Richard.

Comme Renouvier, ces auteurs — MM. Portalis et Béraldi notamment — reconnaissent que les physionotraces sont des documents d'une authenticité particulière, mais ils regrettent avec lui que « le plus grand nombre d'entre eux regardent des personnes obscures » et qu'on y voie « trop de gens inconnus fort peu intéressants ». Après cent citations, à les en croire,

> Le reste ne vaut pas l'honneur d'être nommé.

Voilà qui est régler d'un trait de plume et tout à rebours de l'opinion d'un contemporain de Chrétien et de Quenedey, bien renseigné sur la composition de leur clientèle (1), une question dont l'examen méthodique et approfondi n'a jamais été fait.

Entreprendre cet examen nous entraînerait trop loin. Nous nous bornerons donc à donner dans l'œuvre de Quenedey quelques coups de sonde pour en retirer des impressions plus précises sur la valeur iconographique de son fond.

A côté des hommes politiques et des parlementaires notoires auxquels nos auteurs s'en sont presque uniquement tenus dans leurs exemples, tels que Barrère, La Fayette, d'Eprémesnil, Boissy d'Anglas, Hérault de Séchelles, Malouet, Gaudin, etc., sont-ce des gens dont la physionomie ne saurait plus offrir aucun intérêt, que les astronomes Bailly, de Beauchamps, Delambre, Lalande, les naturalistes Faujas de Saint-Fond et de Jussieu, le chimiste Guyton de Morveau, l'agronome Parmentier, dans les sciences ? que l'abbé Delille, Andrieux, Mme de Staël et même Mme Pipelet, née de Théis, devenue princesse de Salm, « la muse de la raison » dans les lettres ? que le baron allemand de Grimm, dont la *Correspondance* est encore si souvent mise à contribution et l'américain Gouverneur Morris, dont les *Mémoires* sont toujours consultés ; que Jefferson, alors ambassadeur à Paris, devenu le troisième président des Etats-Unis ; que Kosciusko, le grand patriote polonais, dans la diplomatie ou la colonie étrangère ?

Ne reverrait-on plus sans être tenté de s'y arrêter les traits de l'infortuné marquis de Launay, gouverneur de la Bastille, massacré le 14 juillet 1789, du chevalier d'Entrecasteaux, envoyé à la recherche de l'expédition de Lapérouse, du contre-amiral Magon, glorieusement tombé sous son pavillon au néfaste combat de Trafalgar ?

N'aurait-on plus la moindre curiosité pour ces actrices tant applaudies par nos pères : Mlle Lange, Mme de Saint-Huberty, déjà citée, Marie Desbrosses et Emilie Contat ? pour ces beautés qui connurent en déshabillé plus d'un personnage de leur

---

(1) Le savant conservateur des médailles à la Bibliothèque impériale, A.-L. MILLIN, auteur d'un *Dictionnaire des beaux-arts*, publié en 1806, contenant au mot : Physionotrace (III, 255), le premier article descriptif des portraits gravés en ce genre, « dont la réunion, dit-il, pourrait offrir un recueil de personnages célèbres et intéressants », au nombre desquels il venait d'ailleurs de se placer lui-même, de profil à gauche dans un médaillon ovale dû à Quenedey.

temps : Adèle de Bellegarde, la jolie brune qu'on revoit mieux encore sous le pinceau de David, au premier plan de *L'Enlèvement des Sabines,* dans un des salons du Louvre et Ida de Saint-Elme, « la courtisane de la Grande Armée », plus ou moins auteur des *Mémoires d'une contemporaine* (*de Napoléon*) ? pour ces aventuriers célèbres qui s'appelèrent M. de Latude (le pensionnaire de la Bastille) et le chevalier ou la chevalière d'Eon ?

Si, du demi-monde ou du quart de monde, nous remontions vers la haute société, trop de noms seraient à citer, ici chez les Praslin, là chez les Puységur ou les Colbert, ailleurs chez les Noailles ou les Tascher de la Pagerie.

Nous n'aurions de même que l'embarras du choix parmi les membres du Parlement, de la Chambre des comptes ou de la Cour des Aides de Paris, parmi les Fermiers généraux et les Intendants, sur les listes de toutes les Académies et jusque dans l'entourage du souverain, que celui-ci fût Louis XVI, Napoléon ou Louis XVIII.

Et quels rapprochements suggestifs apparaîtraient à l'occasion ! La jeune Emilie de Saint-Amaranthe (E 71) qui n'était pas encore Mme de Sartine, n'avait-elle pas été conduite rue Croix-des-Petits-Champs, à deux pas de la luxueuse maison de jeu (de jeux de l'amour et du hasard) que madame sa mère tenait rue Vivienne, par son père putatif le vicomte de Pons (E 73) chez le *photographe* du temps ? Le vieux Mis de Beauharnais (F 62) ne s'y était-il pas laissé mener par Mme de Renaudin (F 61) — « la Renaudin », cette tante experte de la future impératrice Joséphine — avec laquelle il vivait ouvertement, avant de l'épouser plus tard ?

Mais beaucoup de prudence s'impose en pareils cas pour ne pas tomber dans ces attributions douteuses auxquelles Edmond de Goncourt fait allusion dans sa *Maison d'un artiste...* quelques pages après avoir commis une erreur certaine en prenant Mme [Papillon] de la Ferté pour la marquise de la Ferté [Imbault], en confondant la femme de l'intendant général des Menus Plaisirs et Affaires de la chambre du roi Louis XVI, de qui le portrait dessiné par Quenedey montre « la grande figure *louis-quatorzième,* surmontée d'une haute coiffure ébouriffée rappelant la perruque du grand roi » (C 85), avec « l'enjouée *Souveraine de l'ordre incomparable des Lanturelus,* dont

Mme Geoffrin était aussi étonnée d'être la mère qu'une poule qui aurait couvé un œuf de cane » (1).

Certains noms rencontrés : M. de Beaumets (A 12), le président d'Esneval (C 60 et D 10), M. Richard de Ruffey (M 84), peuvent ne pas arrêter l'attention d'auteurs parisiens et leur faire ranger les gens qui les portèrent parmi les nobles inconnus. Mais à Arras, à Rouen, à Dijon, il en irait autrement, car ces noms étaient de ceux qui émergeaient dans l'ancienne magistrature du Conseil d'Artois ou des Parlements de Normandie et de Bourgogne.

Les ouvrages de Quenedey ne se limitent pas en effet au monde qui vivait jadis entre les barrières de la capitale. Nombre de ses portraits représentent des notabilités provinciales. Ceux-là ne sont pas les plus faciles à identifier, l'artiste n'ayant pas toujours pris soin de noter la résidence des clients qui lui venaient du dehors ; à leur propos on manque souvent de ce premier fil conducteur pour les recherches à entreprendre.

On n'y perd cependant pas sa peine et l'on peut aboutir à un résultat profitable à l'histoire locale.

Nous donnerons plus loin la liste des personnes rattachées à notre département par quelque lien, dont à notre connaissance il existe des portraits au physionotrace dessinés ou gravés par leur compatriote des Riceys, en illustrant cette liste des médaillons que nous avons pu nous procurer ; ces portraits compléteront la série des spécimens encartés dans la partie biographique.

Des relevés analogues pourraient être faits pour d'autres régions que celle de l'Aube. Peut-être leur établissement tentera-

(1) A l'époque du portrait (décembre 1788), la marquise de la Ferté avait 73 ans ; c'est beaucoup plus que n'indique celui-là. D'autre part la marquise était veuve depuis fort longtemps ; or, madame et monsieur de la Ferté avaient posé chez Quenedey de compagnie (C 85 et C 86). La ressemblance entre la figure du physionotrace et celle du portrait in-4° antérieurement dessiné et gravé par Moreau le jeune, ne laisse subsister aucun doute sur l'identité de M. Papillon de la Ferté en C 86. Il devait même être si ressemblant que son adjoint à l'intendance des Menus-Plaisirs (M. des Entelles, D 21) n'avait pas tardé à suivre son exemple.

t-il la sagacité et l'érudition de certains de nos collègues des sociétés historiques de province ? (1).

⁂

Terminons ce paragraphe par une courte observation sur l'intérêt documentaire des physionotraces à un autre point de vue.

Jusqu'alors, nous avons envisagé cet intérêt seulement en ce qui concerne l'individualité des modèles.

A ne considérer maintenant, abstraction faite des personnes, que l'aspect sous lequel celles-ci nous apparaissent, il est bien évident que l'ensemble des petits portraits de Quenedey (et de Chrétien) apporte à l'histoire du costume et de la coiffure (de 1789 à 1830), à celle aussi des uniformes militaires français et étrangers (de 1800 à 1820) une contribution qu'aucun autre groupe de dessins ne dépasse en authenticité.

En rangeant ces images véridiques *chronologiquement* (on sait qu'elles ne le sont ainsi nulle part, si ce n'est en faible partie, pour les anonymes, au Musée Carnavalet), on pourrait aisément suivre sur elles les évolutions des modes féminines par périodes, voire année par année et faire certaines remarques instructives. Relevons la suivante, sans cependant prétendre la donner comme une révélation.

Les costumes grecs (coiffure à bandeau, corsage largement ouvert, bras nus) que portèrent sous le Directoire les femmes de toute compagnie, sont généralement considérés comme caractéristiques de cette époque dissolue. Le portrait d'une dame en pareille toilette la fait classer presque infailliblement parmi les sujettes de Barras, en 1798 ou 1799. Or il suffit d'ouvrir un album de Quenedey pour constater qu'une dizaine d'années auparavant, en 1790, les grandes élégantes (mais elles seules) s'habillaient ou se deshabillaient déjà de cette façon. Mme X... (i 86) et sa voisine de catalogue, la comtesse de Vauréal (i 89) étaient du nombre. Si, comme on le suppose parce qu'elle a

(1) Quelques indications de localité sont fournies par le répertoire existant. Par exemple : K 27, M. Julian (ou Rulian), de Bordeaux ; K 77, M. Morlot, de Beaune ; L 26 et 27, M. et Mme Hourcastrémé, du Havre ; M 8, M. Raymond, de Toulouse ; Q 63, M. Caristie, de Dijon ; Q 96, M. Poupart, de Sedan ; et d'autres.

l'œil vif, le nez fin, le menton un peu fort et le buste opulent, la première représente la belle Thérésia Cabarrus, on voit que Mme Devin de Fontenay la jeune s'attifait dès alors à la manière de la citoyenne Tallien.

Ne ressort-il pas en outre de certains autres médaillons, à la vérité peu nombreux, que la mode actuelle des cheveux courts avait déjà compté des adeptes parmi les clientes du même artiste ?

Ce n'est pas, comme on pourrait être tenté de le croire, après Thermidor, dès le règne du bourreau passé, au temps des *bals de victimes* — parades indécentes et d'ailleurs mal recrutées — qu'on vit sur quelques jeunes femmes de la société ces nuques dépouillées et ces coiffures d'aspect masculin. On remarquerait que ce fut, moins de dix ans plus tard, lorsque les hommes commençaient à mettre — au contraire — plus d'ordonnance dans leur tenue et que, pour tous ceux du nouveau monde politique, il n'eût déjà plus été de bon ton d'aller chez le citoyen et la citoyenne Bonaparte, avec les cheveux en oreille de chien, comme on y venait au lendemain de Brumaire.

Nous nous bornerons à ces quelques lignes sur la question de l'utilisation des physionotraces comme témoins des accoutrements d'autrefois. Pour pouvoir la développer, il faudrait avoir eu sous les yeux ces portraits groupés suivant une méthode plus scientifique que ne l'est pour toute grande collection celle d'un classement nominatif, dans lequel l'observation raisonnée se trouve continuellement mise en déroute.

Quel profit tirerait un enfant d'un album où ses timbres-poste auraient été disposés par ordre de couleurs ?

Notre étude touche à sa fin.

On sait en quoi consistaient les effigies familiales de Quenedey, c'est-à-dire ses physionotraces proprement dits, quelle en fut la forme, comment on doit les cataloguer et comment en peut les identifier, quelle place est à leur faire dans l'art et dans l'histoire. Tous ces points exposés, il ne nous reste plus pour achever notre programme qu'à parler brièvement de ses autres travaux en gravure ou de ses portraits d'édition : ce sera l'objet de notre dernier chapitre.

III

Les Portraits d'édition de Quenedey

Quenedey et Chrétien furent exclusivement des portraitistes. Tout autre domaine de la gravure est resté étranger à leur activité professionnelle.

Du second, l'on ne connaît que des physionotraces proprement dits.

On doit, au contraire, à Quenedey, en plus de ses *physionotraces* de cette sorte, d'autres figures gravées, au groupe desquelles l'expression générique de *portraits d'édition* nous a paru convenir. Elle marque bien qu'au lieu d'avoir été faits pour l'usage discret de la personne représentée, ces portraits ont été exécutés pour être mis dans le commerce courant des estampes ou pour être vulgarisés par le livre, sous la forme de frontispices.

C'est par leur destination, privée pour ceux-là, publique pour ceux-ci, que ces deux catégories de portraits se distinguent, plutôt que par leur mode de confection. En principe, c'est aussi par leur grandeur. Il n'y a cependant rien d'absolu dans ces différences. Certains physionotraces ordinaires ont servi de frontispices, comme il en est un que son possesseur eut l'idée d'utiliser en guise d'ex-libris ; mais telle n'avait pas été leur raison d'être initiale.

Cette partie de l'œuvre de Quenedey — ses portraits d'édition — n'a ni la même importance numérique, à beaucoup près, ni le même intérêt artistique que celle dont nous nous sommes occupés précédemment, encore qu'on puisse y voir quelques pièces assez finement traitées, surtout parmi celles de petite dimension.

Dans ce format réduit (in-12 ou in-18) nous citerons en les choisissant à diverses époques : les portraits de J.-J. Rousseau et de Voltaire, « l'un sur l'autre, imitant le camée, d'après les bustes de M. Houdon » (1791) ; le portrait de feu « Ch. Gravier de Vergennes, Ministre et Secrétaire d'Etat » (pour les affaires étrangères, sous Louis XVI), d'après un médaillon (i 26) ; celui de Henri IV (L 44) ; ceux de Pie VII (1804) et de Louis XVIII, « d'après nature » (?), tous de Quenedey seul.

On pourrait, à la rigueur, faire rentrer dans la catégorie des « physionotraces » celles de ces réductions qui furent répandues dans le public spécialement comme des articles de réclame pour ce genre de portraits (1).

Les véritables portraits d'édition sont ordinairement plus grands.

On en compte, en in-8°, un certain nombre. Signalons seulement : Anacharsis Cloots, « l'Orateur du genre humain » (L 43 du cat.), Etienne Calvel, de Toulouse (frontispice du *Traité des pépinières,* publié en 1805 par cet agronome) et « La Bonne Nourrice », une brave femme des environs de Troyes, qui reparaîtra sur notre liste des portraits de Quenedey concernant des personnes de l'Aube (Voy. à l'Appendice, au nom de : Berthier).

En in-4°, on rencontre notamment une « suite » de compositeurs célèbres, présentée dans un encadrement ovale uniforme. Elle pourrait servir à illustrer toute une histoire de la musique pendant la seconde moitié du dix-huitième siècle et les premières années du dix-neuvième. Bach mis à part, cette série comprend en effet : Berton, Boieldieu, Dalayrac, Dussek, Gaveaux, Gluck, Gossec, Grétry, Haydn, Isouard, Kreutzer, Méhul, Monsigny, Mozart, Paer, Sacchini, Spontini et d'autres peut-être, auxquels vint se joindre Steibelt, gravé par la fille de Quenedey.

Ces portraits furent édités pour la plupart de 1808 à 1813 ; les autres, sous la Restauration. L'artiste les vendait dans son magasin de la rue Neuve-des-Petits-Champs ou les écoulait chez les marchands de musique du voisinage : chez Naderman, en particulier, rue de la Loi (rue Richelieu), harpiste renommé, qui paraît avoir été le professeur d'Aglaé Quenedey et dont l'adresse se lit à côté de celle de l'auteur sous certains portraits.

Toutes ces figures de maestros n'avaient pu être prises sur le vif, au physionotrace. Plusieurs furent dessinés par ce procédé, seulement d'après des bustes, on ne sait parfois de quel sculp-

(1) Tel serait le cas du double camée de Voltaire et Rousseau, annoncé avec le « portrait de M. Mirabeau, d'après le buste de M. Teissier », au même prix de 12 sous, dans le *Moniteur* du 25 avril 1791. Mais il y avait eu d'autres exemples auparavant : M. Bailly, de plusieurs Académies et M. Michel, clarinette, d'après nature (*Jal de Paris,* 16 sept. 1788), Buffon (*Mercure de France,* 4 oct. 1788) et J.-J. Rousseau seul, d'après les bustes de Houdon, tous ceux-là gravés par Chrétien et vendus 24 sous ; l'acteur Larive, d'après nature, gravé par Quenedey (30 sous ; *Moniteur* du 7 juillet 1790) ; etc.

teur. Peut-être pour Gluck et pour Sacchini — dont c'est le cas (ils étaient morts avant 1789) — Quenedey s'était-il contenté d'aller à deux pas de sa demeure, sous les arcades du Palais Royal, emprunter ses modèles aux socles du café du Caveau (1).

Mais laissons tous ces musiciens pour voir aussi, gravés par lui dans le même format in-4°, quelques hommes de lettres ou de science.

Ce seront, par exemple, d'abord : Fénelon, appuyé sur un volumineux « Télémaque », d'après le tableau de Vivien et, pour être mis en pendant — cela est dit — J.-J. Rousseau, des fleurs dans une main, son « Emile » sous l'autre, d'après un dessin de Devosge (le fils du maître de Quenedey, à Dijon) : portraits de vulgarisation annoncés dans le *Moniteur*, au début de 1795, par des notes où l'on apprenait que « l'artiste ne pouvait faire un rapprochement plus judicieux ni réunir deux hommes plus dignes de se trouver ensemble,... [l'un et l'autre] victimes des persécutions de l'envie et des prêtres » (N°s des 23 niv. et 24 pluv. an III).

De plus tard ce seront, en second lieu : (J.-R) Perronet, le célèbre ingénieur, créateur de l'Ecole des Ponts et Chaussées, d'après l'estampe d'Augustin de Saint-Aubin traduisant un dessin de Cochin fils, avec laquelle cette gravure à l'aquatinte et aux outils, pour honorable qu'elle soit, soutient mal la comparaison (portrait frontispice de la *Notice pour servir à l'éloge de M. Perronet*, par P.-C. Lesage, an XIII-1805 ; in-4°) ; enfin Gaspard Monge, d'après un dessin du peintre François Naigeon, de Beaune, compatriote du grand mathématicien, fondateur de l'Ecole polytechnique : portrait dont la planche a fourni par la suite les épreuves encartées dans l'ouvrage officiel de la *Description de l'Egypte* (tome II) (2).

Nous arrêterons là nos citations. Une liste plus longue ne prendrait utilement place que dans un catalogue. Pour une

---

(1) Café en vogue dont la galerie de bustes était réputée. Dès avant la Révolution, on y voyait ceux de *Gluck*, de Grétry, de Piccini et de *Sacchini*. Cette galerie existait encore sous l'Empire (Cf. *Almanachs du Palais-Royal* et tous les anciens Guides dans Paris).

(2) On doit, dans l'Aube, à M. Perronet l'élégant pont St-Edme (ou *pont Perronet*) de Nogent-sur-Seine, le premier en France qui ait eu un tablier horizontal, grâce à son arche elliptique (1768).

étude générale, elle n'offrirait rien qui pût ajouter à la réputation de notre compatriote.

Ses grands portraits manquent presque tous d'accent personnel, ils ont peu de vie, beaucoup sont secs, disent Renouvier et MM. Portalis et Béraldi. On n'y retrouve pas, ajoutent-ils, les qualités dont témoignent la plupart de ses physionotraces. C'est l'évidence même et, sous réserve de quelques exceptions, on peut étendre cette appréciation à ses « portraits d'édition » de tous formats.

⁂

Sans insister davantage sur ces productions d'un mérite secondaire, revenons-en donc, avant de clore notre examen de l'œuvre de Quenedey, à l'impression favorable qui se dégage des nombreux petits médaillons répandus par lui dans les familles aux époques de la Révolution, du Consulat et de l'Empire, période la meilleure de sa carrière de portraitiste.

Ces effigies n'ont pas seulement du charme en tant qu'estampes ; elles offrent aussi, beaucoup plus qu'on ne le soupçonne, de l'intérêt comme documents pour l'histoire d'une société. C'est ce que nous avons voulu démontrer principalement : cela explique que nous nous soyons autant appesanti, dans cette étude, sur les détails qui peuvent servir à mettre ces images en ordre utile et à en reconnaître les sujets.

Que tout ce que Quenedey, Chrétien et leurs rares imitateurs firent en cette sorte d'ouvrages n'ait pas été du très grand art ; soit. On ne saurait cependant soutenir que cela ne fut pas de l'art aimable et pendant un moment de l'art heureux.

A l'égard de notre compatriote, le peintre Edme Quenedey, des Riceys, qui mit les portraits au physionotrace à la mode en 1788 et qui, comme graveur, en entretint le genre jusqu'à ses derniers jours, en 1830, cela ne valait-il pas que l'on connût sa vie et son œuvre un peu mieux que par quelques lignes de dictionnaires ou d'articles généraux ?

Au lecteur d'en décider.

APPENDICE

DE LA DEUXIÈME PARTIE.

§ Ier

Liste des portraits au physionotrace de personnages intéressant le département de l'Aube gravés par Quenedey ou par Chrétien

Bluget de Valdenuit (Thomas), administrateur. Né et mort aux Riceys (1763-1846). Conseiller général de l'Aube, de 1800 à 1812. Ensuite sous-préfet et préfet dans divers départements. Nous reparlerons de lui plus longuement au paragraphe suivant.

A 10 (fin de 1788). Par Quenedey et Chrétien, profil à droite [Bibl. nat.] *Reproduit à la planche II (n° 4) de la partie biographique et ci-après p. 144.*

La Briffe (Famille de) : 1° Le comte de La B... (Pierre-Armand), né à Paris, mort à Arcis-sur-Aube (1772-1839) ; officier avant la Révolution, chambellan de Napoléon, comte de l'Empire en 1810 ; député de l'Aube sous la Restauration ; nommé pair de France en 1832 (ne siégea pas). Son père, colonel des Dragons de la reine, avait acheté en 1771 la seigneurie d'Arcis ; il prenait le titre de marquis ; Pierre-Armand le porta aussi, avant d'être officiellement anobli sous l'Empire : *D 47* (le Mis de La B., aux répertoires) ;

2° et 3° Mlles de La B.. (*D66* et *D67*) ; deux des trois sœurs du précédent : Angélique-Marie-Elisabeth, Antoinette-Mélanie et Catherine-Espérance ; nous ne savons laquelle serait à écarter ;

4° Mme de La B.. (*D 68*), mère des trois précédents ; née de Laverdy, fille d'un ministre de Louis XV guillotiné en 1793 ; veuve depuis 1776, elle possédait encore la seigneurie d'Arcis en 1789.

Ces quatre portraits, par Quenedey et Chrétien, sont du début de 1789 [Bibl. nat. : *D 66*, de profil à gauche ; *D 67* et *D 68*, à droite — Collection particulière : *D 47*, aussi de profil à droite].

Morel de Vindé (Charles-Gilbert, vicomte), né et mort à Paris (1759-1842) ; conseiller au Parlement de Paris avant 1789 ; littérateur et agronome ; pair de France de 1815 à sa mort ; membre de l'Académie des Sciences. Posséda jusqu'en 1792 le château et la terre de Courtavant (commune de Barbuise, Aube).

F 42 (début de 1789), profil à droite [Bibl. d'art et d'arch.] — Autre du même personnage, en 1818, par Quenedey également, de profil à gauche, en pendant avec le portrait précédent retouché (frontispice de la *Généalogie de la Maison de Morel*, in-8°, 1820) [Bibl. nat.]

On doit à Morel de Vindé, entre autres ouvrages, une *Collection de quatrains moraux* (1790), fréquemment réimprimée sous le titre de *Morale de l'enfance*, dont plusieurs éditions (in-16) ont porté en frontispice le portrait F. 42. Cf. *Esquisses biog.* de M. Gérost, de Villenauxe (*Arch. Soc. Ac. de l'Aube*. Papiers Gérost, doss. 5).

Barral (de) : 1° Claude-Mathias-Joseph (1714-1803), évêque de Troyes de 1761 à 1790 : *G 73* ;

2° Louis-Mathias (1746-1816), neveu du précédent et son coadjuteur à Troyes de 1788 à 1790 ; plus tard évêque de Meaux et archevêque de Tours : *H 1*.

Nous n'avons pu retrouver ni l'un ni l'autre de ces portraits exécutés par Quenedey et Chrétien, vers juillet 1789. Les deux personnages sont indiqués aux répertoires par leurs titres seulement : *M. l'Ev. de Troyes* et *M. l'Ev. de Troyes (coadjuteur)*, comme plusieurs autres dignitaires ecclésiastiques.

Babeau (Jacques), né aux Riceys, mort à Troyes (1734-1798) ; conseiller au bailliage de Troyes avant la Révolution ; président de l'administration municipale de cette ville sous le Directoire. Epoux de Louise Levêque puis de Jeanne Rambourgt.

K 85, en costume de conseiller (courant de 1790), par Quenedey seul, profil à gauche [Bibl. de Troyes et dans la famille]. *Reproduit ci-contre.*

Pissier (Edme-Joseph), né aux Riceys, mort à Troyes (1744-1814) ; chirurgien-accoucheur, puis officier de santé à Troyes, mort victime de son dévouement pendant une grave épidémie de typhus. Oncle maternel de Quenedey.

M 77 (courant de 1791), profil à ? [Vu nulle part]. Mentionné parfois, à tort, sous le nom de : Tissier, médecin.

Parisot (Jean-Nicolas-Jacques), né et mort aux Riceys (1757-1838) ; avocat ; député du tiers-état aux Etats-Généraux de 1789 pour le bailliage de Bar-sur-Seine ; président du tribunal criminel et de la Cour de justice criminelle de l'Aube de 1792 à 1798 et de 1800 à 1810 ; conseiller à la Cour d'appel de Paris de 1811 à 1826.

M 87 (courant de 1791), profil à droite, par Quenedey seul [Bibl. de Troyes et dans la famille]. *Reproduit ci-contre.*

PHYSIONOTRACES DE QUENEDEY (Révolution : 1790 et 1791)

Jacques Babeau, conseiller au bailliage de Troyes

Jean-Nicolas Jacques Parisot, des Riceys
Député à l'Assemblée Constituante, Président du Tribunal Criminel de l'Aube

GUYOT (Edme-Philippe), né à Estissac, mort à Troyes (1749-1823) ; notaire en cette dernière ville de 1775 à 1819, rue du Mouton-Blanc, puis place Saint-Pierre.

N 78 (fin de 1791), profil à droite, par Quenedey seul [Bibl. nat. et Musée Carnav.].

DUBOIS (abbé Jean-François), né à Louvrechies (Somme), mort à Troyes (1726-1803) ; curé de Saint-Remy (de la Madeleine et de Saint-Frobert, succursales) à Troyes ; député du clergé aux Etats-Généraux pour le bailliage de Troyes ; nommé curé de la Madeleine en 1802.

N 79 (fin de 1791), profil à droite, par Quenedey seul [Bibl, nat. et Musée Carnav.].

MORISOT - GRATTEPAIN (Jacques-Philippe), né à Arthonnay (Yonne), mort à Balnot-sur-Laignes (1755-1823) ; homme de loi à Paris ; attaché à l'état-major du général Lafayette au début de la Révolution ; député de l'Aube de 1803 à 1807.

Q 7 (début de 1794), profil à droite, par Quenedey seul [Bibl. nat., cote mss.].

MENESSIER (Mme et M.), [*Q 83* et *Q 84*, aux répertoires]. *Peut-être* s'agit-il de Mennesier (Joseph-Louis), né à Chennegy, mort à Troyes (1756-1815) ; administrateur dans l'Aube en 1790 et en 1792 ; député de ce département de l'an VII à l'an XI ; finalement juge au tribunal civil de Troyes ?

Le portrait ci-contre, œuvre du graveur Gonord — qui fut lui-même un portraitiste « au physionotrace » et à qui l'on doit une « suite » de députés au Conseil des Cinq-Cents, dans la forme spéciale de cette petite estampe [Bibl. nat. N a 45 a et Bibl. de Tr.] — pourrait permettre d'accepter ou de rejeter notre supposition, par la comparaison des figures, le cas échéant, car nous n'avons vu *Q 84* nulle part.

En dépit des apparences, ce portrait de Mennesier n'est pas du « type » des physionotraces.

CORBERON (Famille DE). Certains membres de cette famille avaient des attaches dans l'Aube à l'époque de la Révolution. *Peut-être* quelqu'un d'entre eux se trouve-t-il représenté par *H 66* (Bibl. nat. et Bibl. d'art et d'arch.), *Q 66* (Bibl. d'art et d'arch.), *R 14* et *15* (Mlle, Mme, Mme et Mr Corberon ou de Corberon, aux répertoires) ?

MM. GUENIN (*H 16*, Bibl. nat.) et MAUROY (*N 49*), seraient *peut-être* aussi à ranger parmi les personnes originaires de l'Aube.

Pour le premier, nous avions tout d'abord cru et même écrit dans la partie biographique qu'il s'agissait d'un M. Guenin, des Riceys ; mais, depuis, nous avons dû reconnaître le caractère douteux de l'indication qui nous avait été primitivement fournie.

Pour le second, M. Mauroy, notre supposition ne repose que sur le nom lui-même, qui est celui d'une ancienne famille troyenne. Nous n'avons pu recueillir près des derniers descendants de celle-ci aucun souvenir se rattachant à ce portrait.

BERTHIER (Marie-Anne, femme de Louis RAGUIN), née près de Troyes et morte en cette ville (1754-1813) ; « la bonne nourrice » de l'émigré A.-F. Janson, pour lequel elle fit preuve d'un dévouement un peu comparable à celui de Mme Legros pour Latude (voir, à leur sujet, dans l'*Annuaire de l'Aube* de 1909, l'article de M. Alb. Babeau et dans l'*Annuaire* de 1915, celui de M. L. Morin sur *Les domaines du Moulinet et du Pavillon*, p. 50 et suiv.).

Portrait frontispice ovale in-8° (profil à droite, curieux bonnet), en tête d'une brochure publiée vers 1803, par l'homme de loi troyen Truelle Chambeuzon, pour obtenir du gouvernement consulaire, en faveur de Janson, sa radiation de la liste des émigrés et la restitution de ses biens ; reproduit dans l'*Annuaire* de 1909, sans les mentions gravées sur l'épreuve définitive : « *M. A. BERTHIER, Fme RAGUIN — La Bonne Nourice — Dess. et gravé au Physionotrace, par Quenedey, rue Neuve-des-petits-Champs, n° 1284, à Paris* » [En épreuve avant la lettre à la Bibl. nat.].

Simon (Edouard-Thomas), né à Troyes, mort à Besançon (1740-1818) ; médecin et publiciste à Troyes ; bibliothécaire des Conseils législatifs, puis du Tribunat, à Paris ; finalement professeur de Belles-Lettres à Besançon.

Par Quenedey seul, en 1810, profil à gauche [Bibl. de Troyes et Bibl. nat.]. *Reproduit ci-contre.*

Charbonnet (Pierre-Mathias), né à Troyes, mort à Paris (1733-1815) ; d'abord prêtre ; professeur au collège Mazarin, puis recteur de l'Université à Paris, avant la Révolution ; professeur de Belles-Lettres à l'Ecole centrale de l'Aube ; finalement professeur d'éloquence au Lycée Charlemagne, à Paris.

Par Quenedey seul, en 1811, profil à gauche [Bibl. nat.]. *Reproduit ci-contre.*

Babeau (Augustin-Pierre), né et mort à Troyes (1768-1855), fils de Jacques Babeau (ci-dessus) et de Jeanne Rambourgt ; commissaire du Directoire exécutif près le canton de Thennelières (Aube) en l'an IV ; entré dans l'administration des postes sous le premier Empire, il en devint le directeur à Troyes.

Par Quenedey seul, en 1824, profil à droite, médaillon rond, à coins. [Dans la famille et à la Bibl. nat., en épreuve avant la lettre (*acq. 7138-38*), portant la mention ancienne au crayon gras : « M. Babeau de Troyes, 40 fcs »] *Reproduit ci-après, moins la mention d'adresse et la date gravées tout en bas de la planche.*

X.., de Troyes.

Par Quenedey seul, en 1828, profil à gauche [Bibl. nat. (anonymes), épreuve avant la lettre, portant la mention ancienne au crayon gras : «... de Troyes, 40 fcs » et dans une collection particulière, avec la mention d'adresse et la date gravées]. Certains traits de ressemblance avec le portrait précédent donnent à penser qu'il pourrait s'agir d'une personne de la même famille.

Hubert (abbé Henri-Remi), né à Châlons-sur-Marne, mort à Troyes (1760-1842) ; prêtre du diocèse de Châlons, passé à son retour d'émigration dans celui de Troyes, où il devint chanoine et vicaire général ; bibliothécaire de la Ville de Troyes, bienfaiteur du musée ; fut secrétaire et président de la Société Académique. Officier de la Légion d'Honneur.

Par Quenedey seul, en 1828, profil à gauche, en costume ecclésiastique avec décorations ; ovale, à coins [Bibl. de Troyes. A la Bibl. nat. (*acq. 7138-39*), épreuve portant à l'encre la mention ancienne inexacte : « M. l'abbé Hebet, 40 (fcs) »] *Reproduit ci-après, moins la mention d'adresse et la date gravées tout en bas de la planche.*

PHYSIONOTRACES DE QUENEDEY (Empire : 1810 et 1811)

Edouard-Thomas Simon, littérateur et Pierre-Mathias Charbonnet, professeur (de Troyes)

PHYSIONOTRACES DE QUENEDEY (Restauration : 1824 et 1828)

Aug.-Pierre Babeau, directeur des postes à Troyes

L'abbé Henri-Remi Hubert, vicaire général, bibliothécaire de la Ville de Troyes

[MARCHAL DE SAINSCY (Anne-Edmée), née en 17.., morte à Troyes en 1826 ; femme du marquis (L.-M.) de Mesgrigny, qui fut député de la noblesse du bailliage de Troyes aux Etats-Généraux de 1789].

[S. Lieutaud, dans ses *Portraits de Champagne*, cite ce médaillon ovale comme étant un « physionotrace » ; il en a les apparences et pourrait être de Quenedey ; mais, sur l'estampe de la Bibl. de Troyes (*Coll. Fortin ;* en tête d'un Memento), aucune inscription jointe ne permet d'être affirmatif. Nous ne mentionnons donc ici ce portrait que pour mémoire].

QUENEDEY (Edme), né aux Riceys, mort à Paris (1756-1830), peintre en miniature et portraitiste au physionotrace ;

Et sa famille.

La physionomie de Quenedey est, de façon sûre, connue surtout par le portrait que Soliman Lieutaud grava à l'eau forte d'après un dessin ou une peinture de l'artiste lui-même. Sur cette estampe, où la tête se détache en forme de camée, on lit en bas, tantôt : « *P. A. V. et Soliman L. sc.* », tantôt : « *Quenedey delineavit — Soliman Lieutaud sculpsit* », avec la mention nominative : « *Edme* Quenedey, *peintre, né aux Riceys, etc...* » en plus.

Le graveur châlonnais Adolphe Varin a reproduit aussi (pour Vignères, croyons-nous) les traits de Quenedey, d'après le dessin de ce dernier ; in-8 (Voy. ce dessin, Pl. I, 3, partie biog.).

Il existe, d'autre part, à la Bibliothèque nationale (*acq. 7138-39*) un médaillon à double portrait, dessiné et gravé par l'artiste vers 1803 ou 1804, représentant, suivant une mention manuscrite au crayon : « Quenedey et sa femme » (Voy. Pl. III, 5, partie biog.). Nul doute en ce qui le concerne ; quant à l'autre visage, nous pensons qu'il est celui de sa fille aînée, Adèle, alors âgée de quinze ans, plutôt que celui de Marie-Madeleine Pella, sa femme.

Peut-être celle-ci devrait-elle être vue dans la personne qui nous est montrée par un physionotrace de 1811 [Bibl. nat. *acq. 7138-39*] portant, à la mine de plomb comme le précédent, l'indication : « Mme Quenedey mère ». Ce portrait ne saurait être en effet l'image de la brave vigneronne octogénaire qu'était alors Françoise Quenedey (née Pissier) ; il n'offre d'ailleurs aucune ressemblance avec celui que son fils fit d'elle sept ans plus tard, en 1818, au crayon lithographique (Pl. IV, 5, partie biog.). Il est, en tous cas, le portrait de quelque proche parente de cette dernière, car l'un de ses descendants en possède encore une épreuve transmise par héritage.

Le père et la mère de Quenedey sont enfin probablement représentés par les *miniatures*, peintes à des dates que nous ne saurions préciser, *dont nous donnons ci-après la reproduction en grandeur d'exécution*. Ce sont, de lui, les deux seules miniatures véritables que nous ayons pu voir. Nous en devons la communication à la très grande obligeance d'une arrière-petite-nièce de l'artiste, dans la famille de laquelle elles sont conservées de temps immémorial.

MINIATURES DE QUENEDEY (Epoques indéterminées)

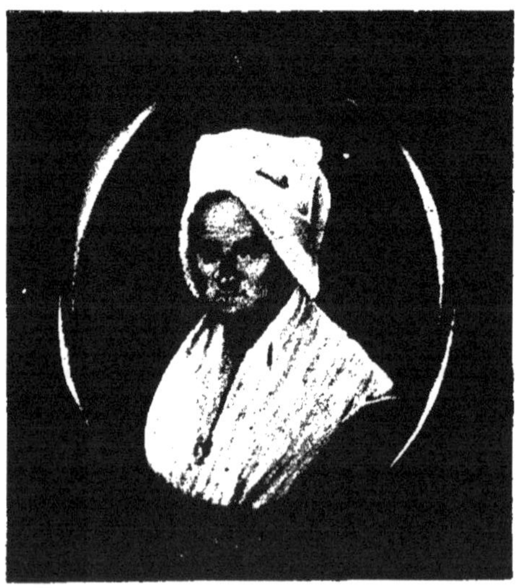

Probablement Etienne Quenedey et Françoise Pissier, sa femme (des Riceys) (*Portraits de famille, exécutés à des dates différentes*

Au dos du cadre de la première, on lit : « Frère de mon grand'père Vincent : Quenedey, dit le peintre, né aux Riceys vers 1755. *Se ipse fecit* » et, au dos du cadre de la seconde : « Mme Quenedey, épouse du peintre ». Ces notes sont deux probants exemples de la rapide inprécision des souvenirs familiaux que nous avons déjà signalée. Pour la paysanne, sa coiffe et son mouchoir de cou révèlent à n'en pouvoir douter, par comparaison avec le portrait lithographié de 1818, qu'il s'agit, non de la femme, mais de la mère du peintre. Quant à l'homme, à qui ses cheveux flottants et sa veste ouverte sur le plastron du gilet donnent l'allure d'un petit bourgeois campagnard, plutôt que celle d'un artiste parisien, nous inclinons à croire qu'il s'agit du mari de la précédente et non de son fils. D'après ses portraits gravés, celui-ci, le peintre, avait d'ailleurs le nez droit et non busqué, comme le personnage de la miniature, son père probablement, à en juger par un autre portrait de famille qui nous a été soumis.

⁂

Outre les physionotraces dessinés par Quenedey et gravés par Chrétien ou dessinés et gravés par Quenedey seul, dont nous venons de donner une énumération sans doute incomplète, il existe, dans le même genre, un certain nombre d'autres portraits de gens de l'Aube, qui ont été dessinés par les peintres miniaturistes Fouquet ou Fournier et gravés par Chrétien.

Voici, pour mémoire, ceux que nous connaissons.

1° Par Fouquet et Chrétien :

Coquet, greffier à Troyes, prof. à dr. [Bibl. de Tr.]

Hurlot, de Troyes, prof. à dr. [Bibl. de Tr.]

Jeoffroy-Gény, manufacturier et négociant à Troyes, prof. à dr. [Bibl. de Tr.]

Lefebvre (A. B.), ingénieur (1734-1807), prof. à dr. — et sa fille, Amélie (belle-sœur de M. Arsène Babeau, fils de Jacques Babeau mentionné ci-dessus et Jeanne Rambourgt), prof. à dr. [Dans la famille]

Sauvageot-Ducroisi (Olivier), né à Chessy, mort à Paris (1752-1808), littérateur et bibliophile ; prof. à dr., en 1792 — et sa fille (an IV) [Coll. part.].

2° Par Fournier et Chrétien :

Blampoix (Jean-Baptiste), prêtre, né et mort à Mâcon (1740-1820) ; d'abord professeur en cette ville ; passé dans le diocèse de Troyes, il y devint curé de Vendeuvre, adhéra à la constitution civile du clergé et fut choisi pour second évêque constitutionnel de l'Aube ; se retira dans son pays d'origine après avoir démissionné en 1802.

Nous reproduisons ici son portrait. On ne le trouve dans aucune collection publique. La légende : « *le Cit. J. B. Blampoix, Evêque de Troyes, sacré à Paris le 4 nov. 1798* », est de la main de Chrétien. Elle permettra de reconnaître, comme nous l'avons indiqué précédemment, que les cotes et les mentions gravées sur les physionotraces de

Quenedey et Chrétien sont bien, jusqu'à H30, de l'écriture de ce dernier, plus arrondie que celle de Quenedey. (Voir, pour comparer, l'inscription du portrait de Jacques Babeau, reproduit ci-devant).

PÉRIER (Casimir) (1777-1832) ; député de la Seine, puis de l'Aube (de 1827 à sa mort), ministre de Louis-Philippe ; prof. à dr. (vers 1800) [Dans la famille].

⁂

De Bouchardy, nous n'avons rencontré aucun portrait d'une personnalité troyenne ou auboise ; ce n'est pas à dire qu'il n'y en ait point.

§ II

Le Physionotrace aux Etats-Unis (1793-1814). MM. de Saint-Mémin et de Valdenuit, compatriotes de Quenedey

Le genre des portraits au physionotrace fut importé en Amérique — on pourrait presque dire qu'il y fut créé — à l'époque de la révolution française, par un gentilhomme bourguignon émigré qui, pour vivre, s'était tout d'abord adonné au dessin et à la gravure et qui, grâce à son esprit inventif, avait réussi d'après quelques renseignements oraux à construire un appareil analogue à celui de Chrétien. Jusqu'au rétablissement de la Monarchie en France, il pratiqua ce genre à New-York et dans plusieurs villes voisines de la côte : Philadelphie, Baltimore, Washington, entre autres.

Né à Dijon en 1770, fils d'un conseiller au Parlement de Bourgogne, ce gentilhomme se nommait Charles-Balthazar-Julien Févret de Saint-Mémin. Ancien officier dans l'armée des Princes, il était passé de Suisse aux Etats-Unis en 1793, avec l'intention de gagner dans les Antilles l'île française de Saint-Domingue (aujourd'hui Haïti), où sa mère, originaire de cette colonie, possédait des propriétés importantes.

Nous ne nous étendrons pas sur les occupations étrangères à notre sujet auxquelles, pour assurer son existence et pour faciliter celle de ses parents venus le rejoindre, l'industrieux M. de Saint-Mémin dut se livrer pendant le séjour d'une vingtaine d'années (interrompu par un seul voyage en France vers 1810) qu'il fit outre-mer avant de revenir définitivement sous la Restauration dans sa ville natale, où, jusqu'à sa mort survenue en 1852, il exerça les fonctions de conservateur du Musée municipal avec la compétence d'un artiste doublé d'un savant.

Pour plus de renseignements sur sa vie et sur ses travaux, on pourra consulter la notice qu'un jeune ami, reconnaissant de sa protection, M. Philippe Guignard, lui a consacré presque au lendemain de son décès dans les *Mémoires* de l'Académie de Dijon (II, 1852-53).

Rappelons seulement ici que l'œuvre dessiné et gravé par de Saint-Mémin, de 1793 à 1814, comprit environ un millier de portraits d'Américains plus ou moins connus (quelques-uns sont célèbres), de Français expatriés comme lui, de chefs indiens visités dans ses excursions et, d'autre part, un certain nombre de vues de villes et de sites pittoresques.

Parmi ces vues figurait une reproduction panoramique de la chute du Niagara, remarquable d'exactitude, tracée tout entière à l'aide d'une grande chambre obscure de sa fabrication, qu'un excès de modestie, a-t-on dit, l'aurait empêché d'exposer à Paris au Salon de 1810, malgré l'insistance de ses amis.

Comment M. de Saint-Mémin avait-il été amené à prendre pour « gagne-pain » — ce mot est de lui — l'état de portraitiste ? (1).

Son biographe (M. Guignard) nous l'indique très brièvement dans les seules phrases suivantes : « Témoin de ses premiers « succès en gravure, *un de ses compatriotes, ancien garde du « corps, lui suggéra l'idée de faire des portraits au physiono- « trace,* [genre très en vogue à Paris, mais inconnu en Améri- « que] ». Et plus loin : « *Un autre compatriote, M. de Valde- « nuit, s'était joint à lui au début de son entreprise :* ils avaient « formé entre eux une sorte d'association et les premiers por- « traits gravés par M. de Saint-Mémin portent leur double signa- « ture. M. de Valdenuit quitta l'Amérique vers 1797... ».

Le « compatriote » mentionné en premier était-il seulement un français ? Ou bien doit-on comprendre qu'il était, comme le second et comme de Saint-Mémin lui-même, un bourguignon ? On ne sait qu'en penser, faute de toute autre précision.

Mais n'est-il pas, d'autre part, bien singulier qu'après avoir d'abord rencontré, à New-York, un connaisseur suffisamment averti pour l'engager à graver des physionotraces, M. de Saint-Mémin ait aussitôt trouvé, dans cette même ville, un auxiliaire qui sût ce dont il s'agissait, pour avoir fait faire ainsi son portrait et qui — par surcroît — fût précisément un concitoyen du protagoniste de ce genre d'ouvrages, comme on va le voir ?

Cette double fantaisie du hasard, assez peu vraisemblable, nous porte à croire que les deux « compatriotes », séparés par la plume de M. Guignard (peut-être du fait de quelque confu-

(1) « *Gagne-pain d'un exilé aux Etats-Unis d'Amérique, 1793-1814* », écrivit-il en tête d'un album de quelques-uns de ses portraits, offert en souvenir à son ami Gabriel Peignot (Savant bibliographe, ancien Inspecteur d'académie de la Côte-d'Or, né à Arc-en-Barrois, mort à Dijon [1767-1849], dont il existe un physionotrace dessiné et gravé par Quenedey en 1802).

sion de souvenirs), se réunissaient probablement dans la personne de M. de Valdenuit.

Il semble bien, dans tous les cas, qu'en lui apportant sa collaboration, ce dernier ait joué vis-à-vis de M. de Saint-Mémin le rôle « d'entraîneur », primitivement joué par Quenedey vis-à-vis de Chrétien, et qu'en Amérique comme en France l'idée de répandre dans les familles la portraiture en estampe soit une idée de riceton.

⁂

Comme Quenedey, M. de Valdenuit était en effet originaire des Riceys ; avec ces différences, qu'il avait vu le jour dans la paroisse de Ricey-bas et non dans celle de Ricey-haut, sept ans plus tard que le fils du vigneron (en 1763) et qu'il naquit gentilhomme.

Sa gentilhommerie, obtenue au meilleur compte, était en outre de fraîche date. Il la devait à l'acquisition que son grand-père Thomas Bluget, président au grenier à sel de Mussy-l'Evêque (aujourd'hui Mussy-sur-Seine), avait faite, en 1745, de la charge anoblissante de secrétaire du roi près la chancellerie du Parlement de Metz : une de ces charges honorifiques d'un commerce courant à la fin de l'ancien régime, appelées par la malice publique des « savonnettes à vilains ».

Quant au nom de Valdenuit, déjà pris par son père Gaspard Bluget, il le tenait de celui d'une ancienne ferme de l'abbaye de Notre-Dame de Châtillon-sur-Seine, située près de Riel-les-Eaux (commune du département actuel de la Côte-d'Or), également achetée par son grand-père paternel.

Ayant eu ce même grand-père pour parrain, notre gentilhomme se nommait au total : Thomas Bluget de Valdenuit.

Ses parents n'eurent pas d'autre enfant. Il reçut en conséquence une bonne instruction dirigée vers le métier des armes. Du collège des Oratoriens de Troyes, où tout d'abord on l'avait mis, on l'envoya continuer ses études à l'Ecole de Brienne : il venait d'en sortir quand le jeune Bonaparte y entra.

Passa-t-il ensuite par l'Ecole militaire de Paris, dont de Saint-Mémin, moins âgé que lui de sept années, fut l'un des élèves ? C'est possible, car nous avons lu — à la vérité sur une pièce un peu sujette à caution — qu'il aurait été « officier d'infanterie » avant la Révolution, Il ne semble pas toutefois qu'il ait pris comme tel du service ou, dans le cas contraire, qu'il en ait pris longtemps.

Son profil, « dessiné par Quenedey avec le physionotrace inventé par Chrétien » vers le mois d'août 1788 [A 10], ne nous le montre point d'ailleurs sous l'uniforme. A peine âgé de vingt-cinq ans, d'agréable figure et de mise élégante, il a, sur ce portrait, presque l'air d'une femme, avec sa chevelure toute bouclée et son col entr'ouvert sur un jabot de dentelle : d'aucuns s'y sont mépris (1).

Thomas Bluget de Valdenuit, des Riceys

Déjà maître, à ce moment, de l'héritage de ses parents (son père était mort en 1785 et sa mère, née Reine Leseure, en 1787), M. de Valdenuit vivait plus souvent et plus volontiers à Paris que dans son bourg natal.

Lors des assemblées électorales qui se tinrent à Bar-sur-Seine en 1789, il vint cependant y prendre part aux côtés de son oncle Thomas-François Bluget, parmi les nobles « non possédant fiefs ». Un autre de ses oncles, Nicolas Bluget, curé des trois Riceys, fut alors choisi comme député du clergé aux Etats-Généraux pour le bailliage de Bar.

Les réunions terminées, le jeune gentilhomme retourna dans la capitale et — c'est son oncle qui parle — « ne reparut à Ricey que pour vendre ses fonds » a la fin de 1791, moyennant 70.000 livres.

Cette opération était le prélude de son exode.

(1) Au manuscrit de l'Institut d'histoire de la Ville de Paris, on lit. à la cote A 10, le nom de : *Mr de Valdemier,* qui est une des erreurs orthographiques assez nombreuses de ce répertoire. Plusieurs épreuves de A 10, vues par nous, portent à l'encre ancienne d'une façon presque exacte : *Mr de Valdenuict.* Des transcriptions empruntées plus récemment au répertoire indiquent enfin, par une correction fautive qu'excuse l'allure féminine du portrait : Mme de Valdemier.

Dans le courant de 1792, en effet, des raisons indépendantes des événements politiques le déterminèrent à se rendre dans nos possessions d'Amérique, non sans avoir fait faire à la municipalité des Riceys, lieu de son domicile, « une signification de la nécessité dans laquelle il se trouvait d'effectuer ce voyage » : la précaution était bonne à l'égard de l'administration du département de l'Aube ; par malheur, il oublia de la renouveler en Côte-d'Or, où, indivisément avec son oncle Thomas-François, il possédait encore la ferme de Riel-les-Eaux.

Après un court séjour à Nantes (assez long cependant pour y nouer des relations qui devaient aboutir, par la suite, à une alliance), M. de Valdenuit s'y était embarqué et, le 3 janvier 1793, il arrivait à la Guadeloupe.

Quelques mois plus tard la résidence dans cette île n'allait plus être de tout repos.

Le 4 mars, il tranquillisait ses oncles en leur annonçant que « l'arrivée de la frégate *La Félicité* (celle de M. de Rochambeau) avait rétabli partout la tranquillité » ; mais, le 6 avril, le son de cloche différait déjà : « la guerre, leur écrivait-il, n'a pas encore lieu ici ; elle n'est point annoncée officiellement dans les îles anglaises et peut-être n'en aurons point du tout ». Le contraire se produisit. La guerre fut déclarée par les Anglais et par contre-coup des troubles graves éclatèrent à la Guadeloupe — ainsi qu'à Saint-Domingue — entre les colons de race blanche et les noirs indigènes, dont l'esclavage avait été aboli.

Vers la fin de l'année, ces événements obligèrent M. de Valdenuit à se transporter aux Etats-Unis. C'était juste au moment où il venait d'être inscrit sur la liste des émigrés par l'administration du département de la Côte-d'Or, faute d'avoir fait parvenir à celle-ci des justifications suffisantes de son absence de France. Son passage effectif en territoire étranger ne devait pas permettre avant longtemps de faire modifier la décision prise à son égard, le 3 octobre 1793, à Dijon, la Terreur sévissant.

A New-York, où beaucoup de colons des Antilles étaient venus chercher un refuge, M. de Valdenuit rencontra M. de Saint-Mémin arrivé d'Europe en cette ville un peu avant lui.

Renseigné sur l'agitation qui régnait au pays de sa mère, ce dernier avait abandonné tout projet de se rendre à Saint-Domingue avant le retour d'une situation plus calme.

En attendant, il lui fallait passer le temps... et vivre.

L'analogie de leur position, la similitude de leurs origines, une certaine conformité de goûts et d'aptitudes devaient amener les deux gentilhommes bourguignons à se lier assez intimement, ainsi qu'il advint. Ensemble, pendant les quatre années que durèrent leurs relations aux Etats-Unis, ils firent donc par intermittence de la portraiture au crayon ou en estampe notamment (comme l'on sait déjà) et, au risque d'aventures, quelques pérégrinations dans les profondeurs du continent américain.

C'est au cours de ces randonnées lointaines que M. de Saint-Mémin dessina les portraits d'Indiens dont nous avons parlé et qu'il parvint jusqu'à la chute du Niagara, dont le spectacle grandiose était resté lié dans sa mémoire au souvenir, transmis par son biographe, du panorama qu'il en avait tracé.

La même cause engendra chez son compagnon un cas tout semblable de réminiscence.

Des conversations échangées entre M. de Valdenuit devenu vieux et l'un de ses amis des Riceys (M. Guenin, historien de ce pays), le seul point que ce dernier ait retenu sur le séjour de son interlocuteur aux Etats-Unis et qu'il ait consigné dans une courte note biographique restée manuscrite, est en effet le suivant, assez curieux à rapprocher de celui que M. Guignard avait enregistré de son côté : « En 1795 — écrivit (vers 1850) « M. Guenin — se trouvant à New-York, M. de Valdenuit entre« prit avec un de ses amis [*M. de Saint-Mémin évidemment,* « *bien qu'on ne le nomme pas*] une excursion de plus de deux « cents lieues à travers les forêts vierges et les peuplades sau« vages décrites par Chateaubriand, pour voir une des mer« veilles du monde, le saut du Niagara, dont il rapporta en « France deux ans plus tard [en 1797] la première esquisse « fidèle qu'on ait connue ».

Mieux que celui de sa réelle modestie, ce motif d'antériorité nous paraît expliquer le refus de M. de Saint-Mémin d'exposer en 1810, à Paris, son propre dessin remontant à près de quinze ans.

La notice de M. Guenin ne dit rien des portraits faits en Amérique dans le genre des physionotraces par MM. de Saint-Mémin et de Valdenuit. Sans doute celui-ci avait oublié cette occupation d'un moment, qui, pour lui, probablement moins embarrassé d'argent que son compatriote, fut alors un passe-temps plutôt qu'un gagne-pain ; il n'en parlait plus. M. Guenin connaissait bien Quenedey et ses ouvrages ; la moindre allusion au physionotrace n'eût pas manqué de frapper son esprit et d'amener sous sa plume un rapprochement qui s'imposait.

Jadis, pendant son exil, M. de Valdenuit ne s'en était pas moins livré certainement à la portraiture. De quelle manière ? Comme dessinateur ? ou comme graveur ?

Il fut tantôt l'un, tantôt l'autre, parfois l'un et l'autre ; à la vérité, le plus souvent il fut le dessinateur. Les rares estampes de lui que nous avons pu voir n'ont rien de remarquable. Les planches de Saint-Mémin, au contraire, arrivèrent à dépasser en mérite celles de Quenedey ; elles ont fourni des épreuves d'une facture excellente et très personnelle.

De l'œuvre de M. de Saint-Mémin, nous ne connaissons guère que ce que renferme l'album de la Bibliothèque nationale, soit 545 portraits de profil et en médaillon rond pour la plupart, dont deux le représentent lui-même. Presque tous sont anonymes et la majorité d'entre eux ne portent aucune mention d'origine ; on ne saurait toutefois s'y tromper par la comparaison avec ceux qui sont signés.

La double signature « Saint-Mémin et Valdenuit », se rencontre là sur onze portraits seulement. Tous donnent une adresse à New-York ; deux sont datés (de « 97 », c'est-à-dire de 1797) ; un seul spécifie qu'il avait été « dessiné par Valdenuit et gravé par Saint-Mémin » (1).

Ces indications sont insuffisantes pour donner une idée de la part, assurément plus importante, que de Valdenuit prit à l'exécution des premiers physionotraces américains. D'autres éléments d'information seraient à découvrir.

Nous ne les avons pas recherchés. Sa coopération n'étant

---

(1) Les mentions indiquées sont, soit simplement : *St-Memin et Valdenuit* (ou : *Valdenuit et St-Memin*), *n° 27, Pine St* (ou : *n° 11, Fair St*), *New-York* ; soit : *Drawn by Valdenuit et engraved by St-Memin...* [*avec l'adresse*]. Beaucoup de portraits de Saint-Mémin seul ne portent que ses initiales : *S. M.* Une « silhouette » de l'album de la Bibliothèque nationale est signée : *S. M. et V.*

Comme estampe de Valdenuit, signalons un portrait de femme, portant la mention : *Drawn by Grimaldi, engraved by Valdenuit, New-York, J^{et} 1797*, l'un des derniers qu'il fit probablement, d'après sa date de juillet 1797. Selon toute apparence, Grimaldi, qui dessina ce portrait, était aussi un émigré français.

Bien qu'aucune de ces mentions ne fasse allusion à l'emploi d'un physionotrace, il est cependant avéré que Saint-Mémin eut recours à un instrument de ce genre, fabriqué par lui.

nullement douteuse, ce que nous avons entrepris de mettre ici en lumière, c'est moins ce qu'il fit à ce point de vue, que ce qu'il fut lui-même. C'est sa personnalité surtout que nous avons voulu dégager des limbes, dont jusqu'alors, en notre matière, son nom seul était sorti.

Racontons donc succinctement la suite de son existence.

⁂

Rappelé par des questions d'intérêt et d'héritage, à la mort de son oncle Thomas-François, M. de Valdenuit rentra en France au mois de septembre 1797. Vraisemblablement, en prouvant que la guerre seule l'avait contraint à quitter la Guadeloupe (dont les Anglais s'étaient rendus maîtres quelques mois après son passage aux Etats-Unis), il put obtenir assez vite sa radiation de la liste des émigrés, car on ne voit pas qu'il ait été inquiété dans sa personne ou dans ses biens, une fois de retour au pays.

Un an plus tard, en effet, « le citoyen Thomas Bluget, propriétaire aux Riceys et domicilié dans cette commune » épousait à Paris « la citoyenne Rosalie-Pauline Main, âgée de dix-neuf ans ». Le ménage s'installa dans la superbe maison dominant Ricey-bas, que M. de Valdenuit père et son frère avaient fait construire dans le grand goût français du dix-huitième siècle (1).

Vint, après une année encore, le coup d'Etat de brumaire (9 novembre 1799). Bonaparte au pouvoir, le préfet de l'Aube ne manqua pas de faire entrer au conseil général du département, dès la formation de cette assemblée, un gentilhomme-propriétaire qui, comme le premier consul, avait été élevé à l'Ecole militaire de Brienne : *persona grata* de ce fait et déjà ralliée

---

(1) Notons, pour mémoire, qu'il existe parmi les physionotraces de Quenedey des portraits d'une dame Main (J 41) et d'un officier, M. Mein (L 39), apparentés peut-être avec Mlle Main, qui devint Mme de Valdenuit.

La belle maison des Bluget, passée dans la famille Houët, puis aux mains de M. de Mauvise, était encore connue, aux Riceys, comme propriété de ce dernier il y a quelque quarante ans. Depuis, cette demeure de grand air a été endommagée et de beaucoup réduite par un incendie.

d'ailleurs au nouveau gouvernement. M. Bluget de Valdenuit conserva les fonctions de conseiller général jusqu'en 1812.

Entre temps, devenu veuf, il s'était remarié avec Mlle Puissant de Saint-Servan, fille d'un ancien président à la Cour des comptes et des aides de Nantes, port qu'il avait jadis un moment habité ; de plus, elle était la cousine germaine de Mme de Bondy (née Hamelin), dont le mari, chambellan de Napoléon, maître des requêtes au Conseil d'Etat, baron puis comte de l'Empire, fut nommé en 1810 préfet du Rhône (1).

Cette parenté de sa seconde femme ouvrit sur le tard à M. de Valdenuit la carrière administrative. A l'approche de la cinquantaine, sur la recommandation du comte de Bondy, il y entra comme sous-préfet de Villefranche (Rhône), en avril 1812. Passé de là à Lunéville, puis à Châteaudun, il devint préfet de la Charente, en août 1820, ensuite de la Lozère et finalement du Jura. L'établissement de la monarchie de Juillet le rendit à la vie privée, par une mise à la retraite, en septembre 1830.

M. de Valdenuit vécut jusqu'en 1846. Au mois de novembre de cette année, âgé de plus de 83 ans, il succomba (sans avoir laissé de postérité masculine) dans son pays natal, qu'il n'habitait plus.

Il demeurait alors à Fontainebleau, d'après son acte mortuaire dressé à la mairie des Riceys sur la déclaration de deux « amis du défunt », dont l'un fut M. Alexandre Guenin, aux notes inédites de qui nous empruntons cette appréciation finale : « La nature avait doué M. de Valdenuit des qualités les plus précieuses de l'esprit et du cœur. Il se distinguait particulièrement par son goût pour les arts utiles comme pour les arts d'agrément, qu'il cultiva jusqu'à la dernière heure ».

De ce goût pour les arts, la seule preuve qui subsistera long-

---

(1) Notons encore, à titre de curiosité pour l'objet de notre étude, qu'on trouve également parmi les portraits dessinés par Quenedey et gravés par Chrétien, ceux d'un M. de Bondy (F 88) et d'un M. Hamelin (A 77), dont les modèles appartenaient certainement aux familles respectives du comte et de la comtesse de Bondy, dont il s'agit ici. Il se pourrait même que F 88 fût le comte en personne ; quant à la comtesse, elle était la propre belle-sœur de cette Mme Hamelin, créole de Saint-Domingue — « le plus grand polisson de France » (au dire du général Thiébault, dans ses *Mémoires*) — qui fit beaucoup parler d'elle sous Napoléon.

temps, contre toute attente de sa part, sera sans doute — sous des figures américaines dessinées au loin pour sa distraction et sorties de sa mémoire — la mention des signatures jumelles : *Saint-Mémin et Valdenuit,* inscrite sur quelques estampes de physionotraces !

Pour l'histoire de ce genre de portraits, on savait déjà, par la notice ancienne de M. Guignard et mieux encore, quant à son œuvre de portraitiste, par des articles récents de miss Mary Martin, qui était Saint-Mémin ; ces quelques pages contribueront à faire connaître son compagnon d'exil et son collaborateur de 1793 à 1797 : Valdenuit, des Riceys (comme Quenedey) (1).

C.-B.-J Févret de Saint-Mémin, de Dijon
Dessiné et gravé par lui même, aux Etats-Unis, en 1799

(1) Pour les articles de miss Mary Martin sur de Saint-Mémin et pour l'origine de nos renseignements sur Bluget de Valdenuit, voyez ci-après : SOURCES ET BIBLIOGRAPHIE. Le portrait qui suit illustre l'article de miss Mary Martin, dans le Bulletin de la Société *Le Vieux Papier* d'octobre 1926 ; nous devons la communication du cliché à l'amabilité de nos collègues de cette Société et nous les en remercions cordialement.

§ III

Quenedey à Hambourg (1796-1801) d'après des notes extraites d'un article paru dans une revue historique allemande.

Tout ce qui précède était imprimé quand, grâce à l'obligeance de l'un de nos correspondants étrangers (1), nous avons pu prendre connaissance, dans la *Revue de la Société pour l'histoire de Hambourg* (ville où Quenedey vécut assez longtemps, l'on s'en souvient), d'un article publié en 1918, sous le titre : *Bou-Magie et Physionotrace,* par Mr G. Kowalewski (2).

Cet article — dont le sous-titre : *Une contribution à l'histoire du portrait à Hambourg,* délimite le cadre — est, en partie, consacré à notre compatriote ; il contient, entre autres annexes, des listes détaillées de portraits faits par lui ; enfin, comme illustrations, deux planches hors texte reproduisent six de ses ouvrages : trois médaillons gravés et trois miniatures.

Un tel champ méritait une exploration particulière. Voici ce que nous y avons glané.

Après un préambule sur les figures humaines en forme d'ombres chinoises, que Lavater considérait comme les images les plus physiognomoniques, l'auteur traite des portraits « en Bou-Magie », exécutés par l'imprimeur hambourgeois Jacob von Döhren entre 1760 et 1780, et plus tard par son fils.

En dépit d'un nom bizarrement choisi, le procédé de ces imprimeurs n'avait rien de magique. Il consistait à relever, en grandeur naturelle, d'après leur ombre portée, des contours de visages ; à transporter ensuite, au moyen du pantographe, des réductions de ces profils sur des plaques de fer-blanc ; enfin à imprimer *tout en noir,* à l'aide de ces planches, les petites effi-

---

(1) Mr O.-H. Clementsen, de Copenhague (Voyez ci-après : Sources et Bibliographie, à son nom).

(2) Zeitschrift des Vereins für Hamburgische Geschichte : *Bou-Magie und Physionotrace. Ein Beitrag zur Geschichte des Bildnisses in Hamburg,* von G. Kowalewski (Band XXII, pp. 168 à 198), Hamburg, 1918, in-8° — M. Kowalewski étant seul en nom, nous ne parlerons que de lui ; mais, en fait, pour cause de maladie, dit une note, la rédaction de l'article, dont il avait rassemblé les matériaux et préparé le texte, fut achevée par l'un de ses collègues, M. le Dr Walter Dammann.

gies qu'elles traduisaient. Les avantages de l'opération résidaient dans la multiplicité et surtout dans la rigoureuse uniformité des exemplaires obtenus.

Les ouvrages de Döhren n'étaient donc que des *Silhouettes*, tirées à la presse et non plus découpées à la main, comme primitivement ; ils n'offraient à l'œil qu'une masse sombre, dépourvue d'expression.

Nous ne nous y attarderons pas. Ce que nous venons de dire suffit pour montrer comment le sujet des portraits « en Bou-Magie » se rattachait à celui des portraits « au physionotrace », importés à Hambourg par Quenedey, dont il est principalement question dans la seconde partie de l'article (1).

Les passages relatifs au séjour de notre compatriote dans le grand port allemand et aux travaux de son art qu'on y a conservés, renferment quelques précisions utiles à rappeler. Les unes confirmeront, les autres compléteront les renseignements que nous étions parvenu à rassembler sur cette période de sa vie.

Il n'en ira pas de même pour les indications qui s'appliquent à la période suivante. Au lieu d'un emprunt, nous aurons à faire une rectification.

A la vérité, trop de données positives manquèrent à M. Kowalewski sur la matière des physionotraces et sur Quenedey personnellement, pour qu'on ne s'explique pas certaines de ses erreurs (2).

---

(1) A titre de curiosité et pour rapprochement avec les prix de Quenedey, voici, d'après l'un des prospectus de Döhren, les conditions auxquelles ce dernier livrait au public ses silhouettes « en Bou-Magie », *sans se dessaisir de la planche :* Pour 24 épreuves *au moins*, on payait deux thalers (environ six marks) et, pour chaque douzaine supplémentaire, un thaler. Lorsque le client demandait l'inscription de son nom sur la planche, l'imprimeur s'engageait à garder celle-ci pendant deux ans, *avant de la détruire*, pour livrer au besoin de nouvelles épreuves, mais toujours par deux douzaines au moins.

(2) Faute d'avoir connu l'appareil du physionotrace, Mr Kow. a pu croire encore que celui-ci n'était qu'un « simple perfectionnement » du pantographe (*eine kleine Verbesserung*). On s'étonne un peu plus qu'un observateur aussi attentif ait pu mettre « hors de doute » (*ausser Zweifel*) que l'ombre portée était utilisée pour le tracé des *profils* de physionotraces, alors qu'il n'en était rien ; l'auteur ne paraît d'ailleurs avoir vu, *posées de trois quarts*, que des figures gravées, non pas d'après nature (comme pourtant il en existe, ce qui aurait pu le détromper), mais d'après des portraits peints.

En ce qui concerne l'artiste, cet auteur savait tout au plus qu'à son arrivée à Hambourg, celui-ci venait de Paris, après avoir travaillé dans cette dernière ville avec le portraitiste G.-L. Chrétien, graveur et inventeur de l'instrument appelé « physionotrace ». S'il ne connut ni la date ni le lieu de naissance de Quenedey, l'auteur ne le crut cependant pas d'origine allemande, comme — détail amusant pour nous — un journal probablement wurtembergeois, le *Tübinger Morgenblatt*, l'avait affirmé, rapporte-t-il, en 1808. On ne lui voit néanmoins dire nulle part que cet artiste, à la fois peintre et graveur, était de nationalité française ; il faut que le lecteur le devine à des indications de détail rencontrées çà et là dans l'article.

C'est au moyen des inscriptions gravées sous les médaillons et des annonces insérées dans la presse locale — spécialement dans les *Nouvelles de Hambourg* (*Hamburger Nachrichten*) — que M. Kowalewski a fixé la durée du séjour de Quenedey sur les bords de l'Elbe. Les inscriptions lui ont fourni la date initiale : octobre 1796 ; les annonces, la date extrême : août 1801. Ces dates concordent avec celles que nous avons données ; elles encadrent une résidence de près de cinq ans, que le *Dictionnaire des artistes hambourgeois* (*Hamburgisches Künstlerlexikon*) situe à tort entre 1798 et 1803.

Nous n'avions découvert aucune des adresses personnelles de notre compatriote dans la ville. Ses annonces en indiquent deux :

I. *Grande rue des Boulangers, n° 60, vis-à-vis l'aigle noir,* à la date du 10 juin 1797 ;

II. *Derrière l'église Saint-Pierre, dans la maison du chancelier von Clausenheim,* en octobre 1800 et encore en juin 1801.

Nul portrait connu de l'auteur de l'article ne fait mention de la première adresse ; mais la seconde, sous une forme réduite aux mots : « *derrière Saint-Pierre* » ou « *hinter St Peter* », termine l'inscription de trois médaillons retrouvés par lui. Ces médaillons n'étant pas datés, nous ignorons encore à partir de quel moment Quenedey vint habiter, près de l'église en question, l'immeuble où il eut son dernier domicile. Néanmoins, pour déterminer l'ordre chronologique de ses portraits hambourgeois, les indications topographiques qui précèdent ont déjà leur utilité, et cette utilité pourrait s'accroître par la suite à la faveur de quelque nouveau renseignement recueilli.

Les insertions relevées par M. Kowalewski dans les *Nouvelles de Hambourg* sont au nombre de quatre. Que nous apprennent-elles, à la clarté de ce que nous savions par ailleurs ?

La plus ancienne est celle du mois de juin 1797, au bas de laquelle figure l'adresse de la rue des Boulangers. Elle est rédigée en français et concerne un portrait de Bonaparte. Quenedey explique qu'il avait dessiné ce portrait, à l'aide du physionotrace, pendant qu'il était encore à Paris ; il le recommande donc aux amateurs comme le seul qui ait été fait d'après nature. On pouvait s'en procurer chez lui des épreuves, au prix de 2 marks.

De toute évidence, il s'agissait du médaillon « Q 48 », mentionné au catalogue manuscrit de l'Institut d'histoire de la Ville de Paris sous la rubrique : « Le C[itoyen] Buonaparte (corse) ». Général sans emploi à l'époque où il avait fait faire ce portrait pour son usage particulier, Bonaparte était à cette heure le conquérant de l'Italie ; voilà pourquoi, de l'état d'image privée, son effigie passait alors, à deux ans et demi d'intervalle, au rang de réclame d'actualité dans le magasin de l'artiste expatrié (1).

L'annonce rapportée ensuite est postérieure à la précédente de trois années. Bonaparte avait grandi depuis 1797 ; il était, en France, le premier consul. Comme tous les émigrés, Quenedey fondait sur le chef du nouveau gouvernement — son ancien client — l'espérance de pouvoir rentrer bientôt dans son pays. L'instant n'était cependant pas encore arrivé. Jusque là il lui fallait patienter et, pour vivre, besogner même dans les genres annexes de sa profession de portraitiste.

Celui de la Silhouette était du nombre ; ce genre devait plaire aux Hambourgeois comme à la plupart des Allemands. Jacob von Döhren, qui l'avait pratiqué avec succès, venait de mourir ;

---

(1) Nous n'avons vu nulle part cet intéressant portrait, et nulle part nous n'y avons vu faire allusion. Son exécution se place, d'après la cote, au début de 1795. Les exemplaires vendus en Allemagne en 1797, furent apparemment des répliques, extraites d'une seconde planche gravée d'après une épreuve provenant de la planche originale : épreuve que Quenedey retrouva, fort à propos, parmi celles qu'il avait sans doute emportées de France comme spécimens à montrer de ses plus récents ouvrages.

rénover sa spécialité pouvait être de quelque rapport. En octobre et en novembre 1800, Quenedey fit donc savoir qu'il exécutait « des portraits en forme de silhouettes, d'une nouvelle sorte, très supérieure à toutes les autres », à celle de la Bou-Magie notamment, par sous-entendu.

Ces silhouettes sont *gravées*, disait-il ; en outre, elles reproduisent les traits *extérieurs et intérieurs* de la figure. Un quart d'heure de séance suffit pour obtenir une ressemblance parfaite. Moyennant 15 marks, on reçoit 15 épreuves *et la planche en sus, de sorte que le possesseur de celle-ci pourra toujours faire tirer autant d'épreuves supplémentaires qu'il en désirera.* Au surplus, quiconque ne se reconnaîtrait pas, n'aurait rien à payer.

Tels étaient les avantages que faisait miroiter le prospectus, en faveur de productions qui devaient être de simples esquisses dessinées au physionotrace et reproduites en blanc sur un fond noir limité aux contours du buste du modèle.

Quenedey nous était peu connu comme silhouettiste. En feuilletant les albums de ses œuvres à la Bibliothèque nationale, nous n'avions trouvé [au nom de Bollingbrock (?)] que les sombres effigies d'un Anglais et de sa fille, qui ne sont d'ailleurs ni datées ni signées. De son côté, parmi les pièces des collections locales qu'il a inventoriées, M. Kowalewski ne nous révèle l'existence d'aucun profil édité par l'artiste dans la forme, un peu plus expressive que celle des silhouettes ordinaires, dont parle l'avertissement précité. Nous devons, en conséquence, nous en tenir au maigre renseignement que cette information nous fournit sur les ouvrages de ce genre, auxquels notre compatriote se serait plus ou moins adonné pendant la dernière année de sa résidence à Hambourg.

Un intervalle de dix mois au plus sépare, en effet, l'avis relatif à ses silhouettes, des deux annonces qu'il fit paraître avant de quitter cette ville.

Dès le courant de juin 1801, Quenedey était fixé sur son retour en France. Il n'avait pas seulement pris la résolution de revenir à Paris et de s'y réinstaller ; il savait qu'il allait pouvoir la mettre à exécution. Ce n'était plus pour lui qu'une question de semaines : le temps peut-être de se procurer quelques pièces, de remplir certaines formalités, en tous cas de liquider ses affaires. La note insérée à sa demande dans les *Nouvelles de*

Hambourg, en ce même mois de juin, ne laisse aucun doute à cet égard. « Le peintre de portraits Quenedey, de Paris, a l'honneur d'informer le public de son prochain départ, etc... » (« *Der* « *Portraitmaler Quenedey, von Paris, benachrichtigt das geehrte* « *Publikum von seiner in Kurzem vorhabenden Abreise, u. s.* « *w.* »), disaient les premiers mots de cette note à deux fins.

A deux fins :

D'une part, parce que l'artiste sollicitait la prompte visite des personnes qui seraient encore désireuses de faire faire par lui leur portrait, soit peint en miniature (de face ou de trois-quarts, au prix de 30 marks), soit gravé sur cuivre (à raison, comme pour ses silhouettes, de 15 marks pour la planche et 15 épreuves très rapidement livrées, grâce à un procédé de son invention qui abrégeait le travail de gravure et à un physionotrace avec lequel, en quelques minutes, il saisissait tous les traits du visage) ;

D'autre part — et c'était là, probablement à l'adresse de ses clients de la colonie française, émigrée et gênée, la raison primordiale de sa note — parce qu'il y invitait les gens oublieux, dont les commandes depuis longtemps terminées languissaient dans son atelier, à venir enfin les retirer... et les payer. Leurs portraits étant pour lui des souvenirs de peu de valeur, il n'en pourrait faire, à son regret, concluait-il, qu'une exposition de « laissés pour compte » (« *Zum Andenken haben ihre Bildnisse* « *für ihn nicht Interesse genug, und ungern möchte er aus* « *ihnen eine Gallerie der Nichtbezahlung zur Schau stellen* »). Le trait était peut-être un peu acéré, mais il venait d'un homme habitué à manier la pointe.

On peut croire que le coup porta, car, deux mois plus tard, dans une dernière annonce, Quenedey n'insistait plus qu'auprès d'un certain Monsieur de Montreuil et du maître de musique Feuillant, pour qu'il fissent parvenir leur adresse à M. Villatte, professeur de langues, rue ABC, chez qui les personnes dont les « cuivres » étaient restés sous sa garde, pourraient reprendre ces matrices de leur portrait — leur propriété — contre un modique droit de consigne.

Cette annonce parut en août 1801. Elle atteste qu'à cette date l'artiste venait d'abandonner les rives de l'Elbe et le voisinage de l'église Saint-Pierre. Après cinq ans d'absence, cinq ans d'exil, il était en route pour revoir les bords de la Seine et les arcades du Palais-Royal, à deux pas desquelles — au n° 1284 de la rue Neuve-des-Petits-Champs — il devait rouvrir son atelier dès le début du mois d'octobre suivant (N° des *Affiches, annonces et avis divers,* de Paris, du 13 vendémiaire an X — 5 octobre 1801 ; voy. *supra,* pp. 27 et 99).

Si peu nombreuses qu'elles soient, ces réclames de presse, retrouvées à Hambourg même, projettent un utile complément de lumière sur l'activité de notre compatriote dans cette ville. Leur réunion constitue la partie la plus solide de la documentation nouvelle dont nous sommes redevables à M. Kowalewski.

La suite des renseignements du même auteur contient quelques assertions erronées ; il ne les donne pas toutes pour certaines, il est vrai.

Ses déductions n'ont reposé que sur l'étude d'une soixantaine de physionotraces de Quenedey, se rapportant soit à des personnes dont ce dernier avait fait le portrait à Hambourg, soit à des Hambourgeois venus en France, dont il avait fait le portrait à Paris ou à Bruxelles, alors française. Elles ne pouvaient être suffisamment étayées par un aussi petit nombre d'exemples.

La méprise principale est la suivante ; les autres dérivent de celle-là.

Parmi trente médaillons, dont la légende témoignait de leur confection à Hambourg, M. Kowalewski en a trouvé dix-huit qui portaient en outre des numéros d'ordre, compris entre le n° « *3* » et le n° « *45* ». Ce numérotage, initial d'apparence (apparence trompeuse ; voy. *supra,* p. 91), l'a conduit à penser que cette suite de médaillons appartenait à la première série de portraits gravés par Quenedey à l'imitation de ceux de Chrétien, autrement dit *à croire que Quenedey avait débuté à Hambourg dans la gravure des portraits au physionotrace,* et, par une conséquence logique, à considérer tous les médaillons faits par lui ailleurs qu'à Hambourg, comme étant d'une exécution postérieure à son départ de cette ville, c'est-à-dire postérieure à 1801.

Or, nous avons démontré, assez clairement pour n'avoir plus à revenir sur ce point, qu'avant de gagner l'Allemagne vers la fin de 1796, Quenedey avait gravé quelques portraits à Bruxelles, cette année là, et qu'à Paris, pendant les années précédentes, il avait gravé une quantité d'autres médaillons *déjà numérotés* ou, suivant notre expression, déjà « cotés ».

Pour la rigueur de leur classement chronologique — classement que M. Kowalewski s'était judicieusement efforcé d'établir — les soixante physionotraces de Quenedey énumérés à la fin de son article (parmi lesquels figurent un portrait de Bruxelles et trois portraits de Paris cotés L 15, R 23 et R 25) doivent donc être rangés dans un ordre différent de celui qui a été suivi (1).

***

Un mot nous reste à dire maintenant à propos des quatre miniatures, peintes sur ivoire par Quenedey, dont M. Kowalewski signale l'existence à Hambourg : autre renseignement instructif et nouveau pour nous trouvé dans son article.

L'une d'elles est au Musée d'histoire locale ; les trois autres sont au Musée des arts et métiers (2).

Après les avoir minutieusement décrites, l'auteur, joignant l'agréable à l'utile, nous donne, dans l'une de ses planches hors texte, la reproduction de celles sur lesquelles la signature : « *Quenedey fec(it)* » est visible. Elles représentent un homme encore jeune, un vieillard et une dame. La quatrième (un jeune homme) a été laissée de côté, parce qu'elle n'est pas signée ; on ne saurait cependant, paraît-il, avoir aucun doute sur l'exactitude de son attribution à Quenedey.

Il est assez malaisé d'apprécier des miniatures d'après des traductions en noir et blanc. On juge bien néanmoins que la pièce la plus finement traitée, la plus vivante du groupe que la planche nous montre, doit être « l'homme encore jeune », un inconnu, dont l'original se trouve au Musée d'histoire locale ; au demeurant M. Kowaleswki nous le confirme expressément (*Diese Malerei ist ebenso fein wie wirksam ; an Ausdruck und Lebendigkeit die beste bekannte Arbeit des Künstlers*) ; cette miniature est le meilleur ouvrage qu'il connaisse de l'artiste.

(1) La retouche sera facile à l'aide de notre tableau synoptique. Le n° 60 et dernier (« *L 15* ») passera au premier rang, en tête de liste ; puis viendront, aux 2e et 3e rangs, les n°s 48 et 49 (« *R 23* » et « *R 25* ») ; ensuite, au 4e rang, le n° 44, G.-H. Siewking (gravé à Bruxelles) ; au 5e rang, le n° 1, Senator Bausch (« *3* », gravé à Hambourg) ; au 6e rang, le n° 2, J.-P. Sieweking (« *4* », gravé à Hambourg, en 1796) ; les autres, enfin, resteront dans l'ordre adopté par l'auteur.

(2) *Museum für Hamburgische Geschichte* et *Museum für Kunst und Gewerbe*. Quelques miniatures de Quenedey pourraient aussi se trouver chez des particuliers, est-il simplement ajouté ; comme dans l'article, il ne sera donc ici question que de celles des musées.

Soit ; mais c'est surtout l'impression d'ensemble produite par la vue réelle des différents spécimens conservés à Hambourg, que nous aurions aimé recueillir, car on ne sait presque rien sur la qualité qu'il convient de reconnaître aux ouvrages en peinture de Quenedey.

Malheureusement l'opinion de l'auteur est difficile à dégager d'un unique passage de la fin de son article (1).

---

(1) Du reste, voici ce passage en entier dans le texte original : « Uber Quenedey als Künstler könnte höchstens bei der Betrachtung seiner Miniaturen die Rede sein. Bei der zeitgenossischen Kritik hat ihm das Physionotracegewerbe ersichtlich geschadet.

Der Domherr Meyer nennt Quenedey einen nicht ungeschickten Pariser Künstler, aber er betreibe seine Kunst *zu merkantisch : « Im Geschmack der Aushängeschilder, die von unbedeutenden Malern vor den Galanterieläden des Palais Royal ausgesteckt werden, paradiert vor seiner Wohnung an der Gasse ein Rahmen mit kleinen Porträts in allen Manieren, beigeschriebenen Preisen und angezeigter Stundenzahl der Sitzungen, als :* prix d'un ducat, en une heure de séance, *oder* prix de trois ducats, en deux séances. *Das bringt der Kunst Brot und trotzt der Kritik.* » Man fühlt aus diesen Worten, dass der Domherr Meyer den Mann im Grunde zu den Künstlern zählte ; hatte er ihn lediglich als Geschäftsmann angesehen, so würde ihm das, was er rügt, wohl nicht als Entwürdigung vorgekommen sein (*).

Für uns sind die gemalten Miniaturbildnisse, deren, zum Beispiel, das Museum für Kunst und Gewerbe mehrere besitzt, der wichtigste Teil des Quenedeyschen Lebenswerkes.

Da auch die bekannten Lembergerschen Miniaturenwerke den Künstler nicht aufzählen, so sollen weiter unten, in der Bilderliste, auch seine Miniaturen, soweit sie im Augenblick zur Hand sind, ihren Platz finden. »

(*) F.-J.-L. Meyer, dont il est ici question, fonda à Hambourg, sa ville natale, une société pour la propagation des arts et de l'industrie. On ne doit donc pas s'étonner de voir son jugement faire autorité. Il occupa diverses fonctions publiques et fut président du chapitre de la cathédrale. De ses voyages et de ses missions dans divers pays d'Europe, il a laissé des relations où l'on trouve, dit Larousse, d'assez piquantes peintures et un fin esprit d'observation.

Parmi ces relations figurent des « Fragments écrits de Paris » (Hambourg, 1798) et des « Lettres adressées de la capitale et de l'intérieur de la France » (Tubingue, 1802) ; c'est apparemment du premier ouvrage qu'est tirée la citation ci-dessus reproduite en italiques, dans laquelle l'écrivain s'offusque un peu d'avoir vu devant la demeure de Quenedey, un cadre qui tirait l'œil, à la manière des enseignes pendues aux boutiques des marchands de curiosités du Palais Royal, où des portraits de sa façon, en toutes sortes, étaient exposés avec des indications de prix variables suivant le temps de pose. Nous connaissions ce détail, et nous en avons parlé, mais l'effet qu'il produisit sur un observateur étranger nous paraît être une référence supplémentaire intéressante à signaler.

Après une citation empruntée à la correspondance d'un contemporain — le chanoine Meyer, homme de lettres hambourgeois dont Quenedey fit le portrait à Paris en 1796 (R 23) — au dire duquel ce peintre possédait l'étoffe d'un « artiste », bien que son « mercantilisme » nuisît à sa réputation, M. Kowalewski déclare qu'à son avis personnel les miniatures de Quenedey constituent la partie maîtresse de l'œuvre de ce dernier (*der wichtigste Teil seines Lebenswerkes*) : entendez par là qu'il les considère, au point de vue artistique, comme supérieures à ses portraits en estampes, à ses physionotraces.

Nous n'irons pas là contre. La question qui nous préoccupe est toute différente.

Que valent par elles-mêmes ces miniatures ? A quelles productions analogues d'autres artistes pourrait-on les comparer ? Quel rang assigner à leur auteur parmi les peintres qui, de son temps, acquirent dans cet art délicat une honorable notoriété, car il va de soi que nous ne songeons pas à le hausser au niveau de Hall ou d'Isabey, ni même à celui de Vestier ou de Mme Cadet ?

A quoi — si nous l'avons bien compris — M. Kowalewski répond seulement que les travaux connus de Lemberger sur les miniatures, ne font pas mention de Quenedey, mais que ses portraits, dans la mesure où l'on peut présentement juger de leur valeur, mériteraient néanmoins de figurer en dernière ligne sur la liste dressée par ce critique d'art. Qu'est-ce à dire ?

Nous ne connaissons pas les publications de Lemberger, ni par conséquent les œuvres dont il s'est occupé ; la vague allusion qui précède ne nous a donc rien appris sur le degré de la science à laquelle notre compatriote était parvenu comme miniaturiste, et nous le regrettons.

A défaut d'un renseignement précis sur ce point particulier, nous n'en devons pas moins à M. Kowalewski plusieurs indications utiles à retenir, on l'a vu, sur le séjour de Quenedey en Allemagne et sur les souvenirs qui en restent sur place.

Nos commentaires de sa « contribution à l'histoire du portrait à Hambourg » attestent l'intérêt que nous avons pris à la lire. D'autres chercheurs, en quête d'une documentation iconographique, pourraient également la consulter avec profit, car nous n'en avons extrait que ce qui se rattachait directement à l'objet de notre étude.

ADDENDA ET ERRATA

DE LA SECONDE PARTIE

Ouvrages d'Aglaé Quenedey. — Les albums de la Bibliothèque nationale renferment çà et là quelques portraits de la seconde fille de Quenedey, Aglaé, qui, restée célibataire, fut jusqu'à la mort de l'artiste son auxiliaire et sa collaboratrice. Si peu nombreux qu'ils soient, ces exemplaires témoignent d'une production personnelle. Ni l'importance ni la valeur propre de celle-ci ne sont exactement connues ; on ne saurait en juger par ces épaves.

Dans le genre des physionotraces, nous avons relevé :

Les portraits de ses cousines, mesdames Desprez et Falempin, filles d'Edme-Vincent-Simon Quenedey, avec la mention : « *Aglaé Quenedey del. et sculp.* », sans date, mais de l'époque de la Restauration ;

Et trois portraits d'hommes ; l'un, anonyme, avec la même mention que ci-dessus, s. d. ; l'autre (M. Charpentier ?), « *dess. et gravé par Melle Quenedey, à Paris* », s. d. ; le troisième (M. Richardon ? en costume de magistrat), « *dess. au physionotrace et gravé par Melle Quenedey, rue Neuve-des-petits-champs, n° 15, à Paris. 1827* ».

Dans le format in-4° :

Le portrait du compositeur allemand : « Steibelt » (1764-1823), signé à gauche : « *A. Quenedey* » et portant en bas la mention : « *Se vend chez Quenedey, rue Neuve-des-petits-champs, n° 15...* », s. d., qui complète, nous l'avons dit, la « suite » des grands musiciens ;

Et celui du « *Lieutenant-Général* Allix, *auteur de la théorie de l'Univers... Dess. au Physionotrace et gravé par Aglaé Quenedey, 1825.* », où la figure est présentée de trois quarts.

Enfin, il nous a été obligeamment signalé qu'on connaît de cette artiste une lithographie (buste de femme, in-4°), d'un trait assez lâche, comme l'étaient les premiers dessins en ce genre ; il semble donc qu'elle avait essayé son talent sur les pierres que vendait son père.

Aglaé Quenedey ne s'adonnait pas seulement aux arts du dessin. Elle était aussi musicienne ; elle composait même. Nous avons cité dans la partie biographique quelques-unes de ses partitions, ses *Chants russes* édités par S. Démar notamment, sur lesquels, en 1814, la police impériale mit l'embargo. Un de ses arrière-petits-cousins a bien voulu nous communiquer un autre morceau de sa composition, illustré d'un dessin fait par elle : « *Les Adieux d'un chevalier français, romance... dédiée à son amie Thérésia Demar, par Aglaé Quenedey* », qui se vendait « *chez l'Auteur, rue Neuve-des-Petits-Champs, n° 15, vis-à-vis la Trésorerie et au magasin de S. Demar, rue Croix-des-Petits-Champs, n° 31...* ». Les planches (dessin, musique et paroles) de cette romance furent toutefois « gravées par Mlle Aubert », une amie d'Aglaé aussi, dont Quenedey avait jadis tracé le profil (G 24).

Nous devons en outre au même parent du portraitiste, son homonyme, l'un des plus aimables et des plus érudits archéologues de la ville de Rouen, de connaître deux dessins signés d'Adèle Quenedey, sœur d'Aglaé, dont nous n'avions encore pu voir aucun ouvrage ; ce sont, l'un au crayon, l'autre au lavis, les portraits de leur oncle Nicolas Quenedey et de sa femme, Nicole Brigandat.

A propos de Bouchardy.— Nous avons écrit, dans la partie biographique, que le don de l'appareil du physionotrace, fait jadis au Conservatoire des arts et métiers, devait provenir du successeur de Chrétien, c'est-à-dire de Bouchardy. Cette supposition était inexacte. Le *peintre distingué* qui offrit cet appareil devenu introuvable, fut Mérimée (J. F. L.), alors secrétaire de l'Ecole des Beaux-Arts (père du littérateur connu), d'après une lettre adressée, le 7 août 1812, à M. Mollard, directeur de l'établissement à l'époque, dont l'original nous a été obligeamment communiqué à la Bibliothèque du Conservatoire. En voici quelques passages :

« Mon cher collègue,... je ne tiens pas du tout à être mentionné [comme donateur]. Le Phisionotrace que j'avais, ne me servait pas, ne devait pas me servir ; j'ai été trop heureux qu'il ait pu recevoir une destination utile et qu'il ait pu convenir pour votre collection.

« Son objet est de dessiner des corps immobiles *d'une assez grande dimension,* quoique la distance du dessinateur soit supposée assez éloignée ;... son principal usage [est], je pense, celui de dessiner un portrait grand comme nature. On n'a fait que des profils, parce qu'il est trop difficile de donner à un modèle vivant une immobilité absolue. Recevez, etc... MERIMÉE. »

Cette lettre nous confirme dans l'opinion que le physionotrace ne fut pas un instrument employé par beaucoup d'artistes.

Bouchardy lui-même s'en servit-il réellement ? Un peu peut-être, pour commencer ; car avant de rencontrer sous ses portraits sa formule habituelle : « *Dessiné et gravé par B., succ. de Chrétien, inv. du phys...* », on trouve quelques exemples de la mention : « *Dess. au physionotrace et gr. par B..., succ. de Chrétien...* » (collection de la Bibl. d'art et d'archéologie).

De même que la phrase inexacte : « Dessiné et gravé au physionotrace par Quenedey », employée par ce dernier, a longtemps fait supposer que l'instrument dont il se servait était une machine à graver, de même la rédaction amphibologique adoptée par son nouveau concurrent : « Dessiné et gravé par Bouchardy, successeur de Chrétien, inventeur du physionotrace » a trompé certains biographes, en leur donnant à penser que l'invention de cet appareil était due, non pas à Chrétien, mais au successeur de celui-ci (Voyez pour exemple, dans le *Dictionnaire historique* de LALANNE, la notice concernant Bouchardy et, au surplus, dans le Bulletin de la Soc. du *Vieux Papier* [n° de juillet 1910, p. 66], le fac-similé, un peu trompeur aussi par sa disposition typographique, d'une des premières cartes-prospectus de ce portraitiste). A la vérité, quelques rares médaillons du même artiste portent la mention : « Dessiné et gravé par B., succ. de Chrétien, *L'* inventeur du phys... » ; elle précise ce que sa formule ordinaire voulait seulement dire.

Nous avons également indiqué dans la partie biographique que Quenedey avait déposé au Conservatoire des arts et métiers des spécimens de ses pierres lithographiques françaises ; nous n'avons pas retrouvé dans les archives de cet établissement la confirmation de la note qui nous avait été communiquée à ce sujet.

Le physionotrace et... l'anthropométrie. — Outre celle de Mérimée, de 1812, dont il vient d'être question, les Archives du Conservatoire possèdent, sur le Physionotrace, deux lettres qui nous reportent à vingt-cinq ans avant celle-là, au moment où Chrétien fit connaître son appareil.

Elles datent de 1786 et sont de la main de Jean-Claude Pingeron, ancien ingénieur, alors employé dans les bureaux de la couronne à Versailles, auteur d'un grand nombre de traductions et d'articles relatifs à des connaissances utiles, insérés dans diverses revues, notamment dans la *Bibliothèque physico-économique,* où, de sa plume sans nul doute, parurent les premières réclames en faveur de l'instrument, dont il s'était engoué.

Pingeron désirait vivement voir l'Académie des Sciences s'intéresser à cette invention. Ses deux lettres en font foi ; les académiciens ne partagèrent pas, on le sait, son enthousiasme. L'une et l'autre sont instructives ; mais la première est la plus curieuse, surtout par certaine application du nouveau procédé, que l'auteur avait envisagée. Si cette idée ne reçut pratiquement aucune suite, elle ne manquait assurément pas d'originalité pour le temps.

Nous ne reproduirons que le commencement de cette lettre : « J'ai enfin déterminé M. Chrétien — écrivait Pingeron, le 25 avril 1786 — à rendre publique l'ingénieuse machine qu'il vient d'imaginer et de perfectionner pour faire le portrait sans qu'il soit besoin de savoir dessiner.

«... J'ose vous inviter à venir dimanche prochain à Versailles... ; vous verriez cette charmante méchanique qui offre une nouvelle ressource à l'amitié *et qui peut servir à fixer les militaires inconstans, en procurant les moyens de faire et de graver les portraits de chaque recrue pour l'envoyer aux diverses brigades de maréchaussée dans le cas de désertion.*

« Je viens d'écrire à ce sujet à M. Le Roi, votre confrère et j'ai joint à ma lettre les portraits de deux personnes que vous connaissez, qui ont été faits chacun en quatre minutes. Je vous invite à prier M. Le Roi à vous les montrer. Vous essayerez alors de les reconnaître.

« . . . .

« M. Le Roi vous donnera mon adresse. Celle de M. Chrétien est sur la place dauphine, maison du parfumeur. J'ai l'honneur d'être, etc... A Versailles, ce 25 avril 1786. PINGERON » (Lettre à M. Vandermonde, membre de l'Ac. des Sciences).

De l'idée de prendre les portraits des recrues, pour retrouver au besoin les déserteurs, à celle de garder les profils des prisonniers, pour reconnaître à l'occasion les récidivistes, il n'y avait qu'un pas à faire,... mais il y aurait eu dans les deux cas la dépense à supporter. Précurseur insoupçonné de Bertillon, Pingeron en fut pour ses frais d'imagination.

S'il ne vit pas « les physionotraces » entrer dans les casernes, il vécut assez du moins (n'étant mort qu'en 1795) pous constater le succès que leur valut, dans les salons et dans les boudoirs, « la nouvelle ressource qu'ils offraient à l'amitié », selon son expression.

Quenedey à Paris. — Nous savions que Quenedey avait quitté l'Ecole de dessin de Dijon en 1780 ; nous l'avions ensuite retrouvé à Paris en 1787, sans pouvoir préciser depuis quand il résidait dans la capitale. C'était au moins depuis 1784. Dans une lettre adressée de Paris, le 8 octobre de cette année, au baron de Joursanvault, leur protecteur, le peintre Jean Naigeon glisse, en effet, cette phrase : « Quenedey vous prie d'agréer ses respects » (Cf. L. Morand. *Une famille d'artistes : les Naigeon* ; Paris, 1902, in-8° ; p. 15. Renseignement dû à l'obligeance de M. J. Laurent, des Riceys, bibliothécaire à Dijon).

Quenedey prit femme à Paris vraisemblablement. Jeanne-Marie-Madeleine Pella, épousée par lui, suivant contrat « passé en sa demeure, rue Croix-des-Petits-Champs, paroisse Saint-Eustache, le 19 juillet 1790, devant Thion, notaire (rue Coquéron) », était la fille de « Joseph Pella, maréchal expert à Vitry-le-François, et de Marie-Louise Amel », tous deux décédés alors. L'apport de la future, en habits et deniers, avait été estimé à la somme de 1.200 livres ; celui du futur, « consistant dans son atelier, ustensiles et marchandises de sa profession, habits à son usage et deniers comptants », à la somme de 5.200 livres. Leur contrat, dans lequel l'artiste « déclare avoir le consentement de ses parents », ne mentionne que des témoins de son côté : son frère Edme-Vincent-Simon, sa sœur Marie-Louise-Catherine et son oncle maternel Edme-Joseph Pissier, « maître en chirurgie, démonstrateur en l'art des accouchements », à Troyes (*Archives de l'ancienne étude de Me Thion de la Chaume, notaire au Châtelet de Paris*).

Quenedey et sa femme avaient le même âge. La déclaration du décès de celle-ci, à la date du 10 août 1824, lui donne 68 ans ; elle était donc née, comme son mari, en 1756 (*Archives de la Seine*).

SOURCES & BIBLIOGRAPHIE

DE LA SECONDE PARTIE

(Voyez ci-dessus, pp. 62 à 64, les références de la partie biographique, dont celles-ci ne sont qu'un complément. Quelques-unes des premières auraient pu trouver place ici de nouveau ; nous n'avons pas cru nécessaire de les reproduire une seconde fois).

I. — SOURCES MANUSCRITES

A l'*Institut d'histoire et de géographie de la Ville de Paris :* Répertoire des portraits de Quenedey (don de M. A. Christophle, fév. 1892), FGms 505 (n° 29.760 Rés.).

Aux *Archives du Conservatoire des Arts et Métiers :* M 143 (Lettres de Mérimée et de Pingeron).

Sur M. de Valdenuit. Aux *Archives municipales des Riceys :* Reg. de catholicité et d'état civil ; doss. de correspondance ; — aux *Archives de l'Aube :* Fonds Ray ; M 2 a (1807-1815) et M 2 d (an XI) ; — aux *Archives de la Côte-d'Or :* doss. des émigrés, Q 715 ; — aux *Archives nationales :* doss. des préfets, F b 1, 156 [27] ; — papiers de M. Alexandre Guenin (*Archives particulières*).

II. — ARTICLES ET OUVRAGES

Dans l'*Intermédiaire des chercheurs et curieux* (n° du 10 déc. 1915), *Saint-Mémin, graveur au physionotrace.*

Dans *La Curiosité universelle,* 1887, n° 26, *Le physionotrace,* par H. P. ; 1888, n° 99, *Fevret de St-Mémin,* par H. P. ; 1892, n° 263, *L'iconographie,* par A. Tardieu ; *passim,* Listes de portraits.

Dans *Le Vieux Papier,* 1926 : *Quelques documents sur le physionotrace,* par M. G. Cromer, dans le numéro d'avril et dans le numéro d'octobre : *Quelques notes sur Saint-Mémin,* par miss Mary Martin (*voyez* ci-après).

Dans *Art in America* (1921), article sur Saint-Mémin par Théodore Bolton.

Dans *The Connoisseur* (revue d'art et curios. éditée à Londres), 1926, n°s 295 et 299 (mars et juillet) : *The physionotrace in France and America,* by Mary Martin (article riche en illustrations et particulièrement intéressant par les renseignements nouveaux qu'il contient sur la vie et l'œuvre de Saint-Mémin aux Etats-Unis [n° 299] ; les *Notes* du même auteur, mentionnées ci-dessus, suppléent en partie cet article et par endroits le complètent pour ce qui concerne ce portraitiste).

Dans *Zeitschrift des Vereins für Hamburgische Geschichte* (Band XXII), *Boumagie und Physionotrace*, von G. Kowalewski ; Hamburg, 1918 (article dont nous avons tiré la substance de notre chapitre additionnel sur Quenedey à Hambourg ; voyez ci-dessus à l'APPENDICE, § III).

Clementsen (O.-H.), *Fortegnelse over Chrétien's portrætstik af kendte danske ;* Kœbenhavn (Copenhague), 1921 : excellente notice illustrée, tirée à petit nombre, concernant 80 portraits de personnalités danoises, gravés à Paris par Chrétien. (Très expert en matière de physionotraces, l'auteur nous apprend, dans sa préface, qu'à l'imitation de Chrétien, de Quenedey, de Bouchardy — ajoutons : et de Saint-Mémin en Amérique — le graveur danois Andréas Flint mit au jour dans son pays une série de petits portraits en médaillon, dont la description serait également instructive ; M. Clementsen laissait espérer qu'il entreprendrait ce travail ; cela est à souhaiter, car on y verrait, sous sa plume autorisée, la répercussion d'une idée partie, comme tant d'autres, de France. Les portraits de cette « suite » sont généralement signés : « *A. Flint, ad vivum del. et sc.* » ; leur auteur était né à Copenhague en 1766).

Dumont-Vilden, *Le portrait en France au* XVIIIe *siècle ;* Duportal (Mlle Jeanne), *La gravure de portraits et de paysages (en France, au* XVIIIe *siècle)* ; Firmin-Didot, *Les graveurs de portraits en France (Cat. de la Coll. F.-D.)* ; Lieutaud (Soliman), *Liste des portraits des Députés à l'Assemblée nationale de 1789 — Recherches sur les personnages nés en Champagne dont il existe des portraits... ;* Tardieu, *Dictionnaire iconographique des Parisiens.*

[*N. B.* Des publications du genre de celles de M. Clementsen et de M. Kowalewski (*voy.* ci-dessus) témoignent de l'intérêt que l'étude des physionotraces présente pour l'histoire, même à l'étranger ; elles viennent à l'appui de ce que nous avons dit plus haut sur ce point, spécialement à propos de l'histoire de Paris et de celle de nos départements.

Il existe, à notre connaissance, suffisamment de portraits de cette sorte représentant des personnages notoires venus de Hollande ou d'Angleterre, d'Espagne ou de Pologne, par exemple, et passés chez Quenedey ou chez Chrétien, pour fournir la matière d'utiles travaux analogues à ceux de MM. Clementsen et Kowalewski.]

TABLE DES MATIÈRES

Première partie

ADDENDA.

Seconde partie

INTRODUCTION

I

II

LES PHYSIONOTRACES DE QUENEDEY

TABLE DES GRAVURES

(Avis au Relieur : Les 4 planches hors texte suivantes sont à intercaler, toutes quatre, entre les pages 44 et 45)

Autres physionotraces de Quenedey

Miniatures de Quenedey

Portraits divers

www.ingramcontent.com/pod-product-compliance
Ingram Content Group UK Ltd.
Pitfield, Milton Keynes, MK11 3LW, UK
UKHW031846260826
14628UKWH00002B/616